福田中学是培养我们卓越品质的摇篮

志在必得
有志者事竟成破釜沉舟百二秦关終属楚
苦心人天不負卧薪尝胆三千越甲可吞吴
3-401

OMEN WEI ZHUOYUE ERLAI

我们为卓越而来

刘导◎著

华龄出版社
HUALING PRESS

责任编辑：程　扬
责任印制：李未圻

图书在版编目（CIP）数据

我们为卓越而来 / 刘导著. -- 北京 : 华龄出版社，2020.2
ISBN 978-7-5169-1636-0

Ⅰ. ①我… Ⅱ. ①刘… Ⅲ. ①高中生一学习方法②高中生一学生生活 Ⅳ. ①G632.46 ②G635.5

中国版本图书馆CIP数据核字（2020）第095107号

书　　名：我们为卓越而来
作　　者：刘导 著

出 版 人：胡福君
出版发行：华龄出版社
地　　址：北京市东城区安定门外大街甲57号　邮　　编：100011
电　　话：010-58122246　　传　　真：010-84049572
网　　址：http://www.hualingpress.com

印　　刷：武汉市卓源印务有限公司
版　　次：2020年6月第1版　　2020年6月第1次印刷
开　　本：880mm×1230mm 1/32　　印　　张：7.5
字　　数：162千字
定　　价：58.00元

目 录

序言

我们为卓越而来

一年前，我们在高三（11）班的教室初次相遇；一年后，我们用集体的智慧，用爱的力量，呵护守候了属于我们的“卓越班”。每天一起努力的我们对“卓越”这个词的理解不断加深，我们用自己的行动诠释了什么是高三的“卓越”：这是我们奋斗过程中的一种精神、一种力量，我们也将继续坚守这种不断追求进步的“卓越”品质并走向未来。

这一年美好而珍贵，我们执笔将高三的点点滴滴记录在这本书中。记录同学们的青春，记录同学们真实而深刻的高三经历，同时我们也在记录中反思该如何学习，如何追求卓越，如何实现梦想。这将指引着我们在今后的日子里不断地超越自我，赢得更好的人生。

当你手中拿到这本关于高三（11）班的回忆录时，希望你能明白它在用自己的方式向你述说高三生活的酸甜苦辣，同时也希望它能为你提供一些高三学习的有效经验，能让你少走一些弯路，能减少你学习中的一些失误。在书里也许你能找到自己高三生活的影子：既有同学们在学习中的趣事，又有家长、老师对孩子们的殷切关心和暖心支持。愿同样卓越的你，看完这本书之后，能够带着一抹坚定的微笑，回忆起自己努力付出及拼搏时的模样。

正如当代诗人汪国真所说的，“我不去想身后会不会袭来寒风冷雨，既然目标是地平线，留给世界的只能是背影。”高三，我们便只顾风雨兼程，为卓越而来。

第一章

高三，梦想启航

无奋斗，不青春；无高三，不青春。奋斗的高三已然成了大家心目中“青春”的代名词。对于我们很多人而言，高三是一生中最充实、最积极，也是最热情的一段时光。我们不断地赋予这段时光意义，为其增添色彩，勇于突破窘境，寻求卓越。因为高三，正是我们梦想启航的地方。

第一节 八月，我们开始了

我们的高三，在酷暑还没有消散的八月正式拉开了帷幕。

福田中学高三（11）班，新的学年，新的老师，分班后新的同学，班级的每一个成员以自己的方式融入这个新的集体，在班级里生根发芽，找寻自己的位置和方向。带着初入高三的一丝恐慌和迷茫，每个同学都希望在相互竞争、团结友爱的班级环境中茁壮成长。但是很快，那一丝恐慌和迷茫就被热情的同学们和老师们驱散。他们无时无刻不在用行动告诉我们，什么是高三。在更加紧张的学习氛围和更加激烈的竞争环境中，我们时刻被催促着前进。

作为新班主任，首先我要带给孩子们一份见面礼：邀请刚刚进入大学殿堂、成绩优异的师兄师姐们向孩子们介绍学习经验，帮大家敲开高三的大门。

师兄师姐们用铿锵有力的语言把自己的亲身经历和经验传授给师弟师妹们，对认真听讲的同学们有问必答。相较于自己毫无头绪地摸索高三，听取或借鉴师兄师姐们的经验，可以让我们更明确前行的方向，还能帮助我们更快地找到适合自己的高效学习方法的渠道。下面就整理部分师兄师姐的学习经验，希望对你也有帮助。

差距是前行的明灯

高三的我，一度无法融入周围的同学圈，无法适应班里的学习氛围，也无法跟上老师的进度，更重要的是，我无法调整好自己的状态，在迷失的路口徘徊。因此我想告诉现在也有类似情况的同学们，你们十分幸运，至少你们知道自己的问题在哪儿。

哈佛大学有句名言：觉得为时已晚的时候，恰恰是最早的时候。所以，各位师弟师妹首先一定要先跟上老师的进度。因为高三的总基调是复习，而高三开学时正是最全面的一轮复习，如果因为自己某个模块出了问题而停下，错过了老师的复习课程，那么就只会恶性循环，使情况更加糟糕。所以我个人推荐大家在课余时间对自己较差的知识模块进行学习。以周末为例，我建议各位师弟师妹做两件事，一是适当休息，以缓解学习压力；二是查漏补缺，将自己没跟上的部分进行自学或向老师同学请教。我想告诉大家的是，有差距并不可怕，可怕的是明明知道自己和别人有差距却自暴自弃。一颗乐观的心不仅会给你带来好心情，而且也会让你的学习更轻松，高三并没有你们想象中的那么可怕，希望师弟师妹能好好珍惜高三的时光，这一定是你们人生中最难忘的一段回忆，祝师弟师妹都能考上理想的大学。

2018 届师兄 唐伟哲

既要良师，更需益友

高三充实却也难免懈怠与烦躁，希望各位师弟师妹能够记得，老师永远是你的“百度”，不会就问吧；同学永远是你的“锦囊”，有疑惑就多多交流吧；题目永远是你的“秘密”朋友，发现不了问题就多做题吧。既要良师，更需益友。当你和朋友一起做题的时候，可以交流思路，互相解惑，必要时还能够互相激励。我和我的同桌、后桌同学之间就天天相互刺激，“逼迫”对方做题，如果遇到自己觉得好的题目就分享给对方看看，这让我觉得事半功倍——相当于一次有了两个思路，然后借鉴分析，互相进步。我们每个人都有自己擅长的科目，互相给予帮助，如果一起遇到什么“疑难杂症”，再一起请教老师，这不仅提高了我们自己的学习效率，也降低了老师的负担，事半功倍。高三，师弟师妹们一定要尽快寻找并珍惜出现在你们身边的良师与益友，同舟共济，笃定前行！

2018 届师姐 张瑜

老高三生在一个个问题解答的欢笑声中与新高三生分享着学习的酸甜苦辣，而今天我们想着把自己的高三经历写下来也正是为后面许许多多高三的学子提供更多的参考，为接下来奋斗的高三学年摆正轨道，搭好桥梁。

与师兄师姐互动后，可以看出同学们个个变得干劲十足，对未来充满希望和憧憬，作为班主任，认真阅读同学们的周记，大家的开学感受各有不同。下面回看一年后成为全校文科状元的莫泳欣同学刚上高三的初体验，我想她后来的成功一定离不开她高三一开始的这份坚定。

看戏人终成戏中人

好像昨天还在为高三的师兄师姐们加油，好像“高三”这个词离我还很遥远。但时光飞逝，没等我反应过来，我已经是一名高三的学生了。开学第一周，期待、困惑、紧张……各种情绪环绕着我。此刻，平静下来，执手中之笔，记下内心的跌宕……

新的班级里有不同的氛围。大家对待学习都很认真刻苦，上课没有趴在桌子上的人，晚自习寂静无比，一切都秩序井然，一切都让我感叹：这就是高三啊！我似乎也得拼命努力些才能赶上他们匆匆的脚步。我不免有一丝紧张，当所有的人都在努力，而你仍停在原地张望踌躇时，无形中你便被超越了。所以我来不及驻足回望，来不及怀念感伤，来不及纠结困惑，我必须立即迈出脚步，投入到这场艰苦的战役里，必须充实无憾地开始我的高三生活。

带着复杂的心情，我步入了高三的轨道，和朋友一起奋斗，搏上一切，朝目标一点一点地靠近，这样的日子值得日后怀念。

高三（11）班 莫泳欣

2018.8.6

但是我们要提醒进入高三的你，这份学习的热情一定要稳扎稳打，做好计划，跟紧老师，循序渐进。反之为了一时的超越，不眠不休地加速，反而容易提早“熄火”。所以，保持匀速，或者匀加速前进，才是我们高三备考最好的状态。

至此，高三的大门已经完全为你敞开了。

（本书插画由本班黄诗和瞿英奇两位同学亲笔所画）

第二节 班级的“卓越”文化

高三（11）班是学校高三年级的卓越班级，在这里汇集了全校品学兼优的学生，可是，什么是“卓越”，我们该如何用自己的行动来诠释和演绎这个概念，而这个集体又该如何创建自己的班级文化才能彰显“卓越”的定义呢？经过老师和孩子们的一起讨论，我们认为高三这一年，卓越最简单、最直接的表现就是尽我们所能，对高三的结果负责，自然能不断超越，卓尔不群。

一、打造“卓越”文化，从班级教室布置开始

班级是高三学子们奋战的战壕，布置教室环境，为学生营造一个温馨、健康、团结、奋进的班级家庭氛围，就是打造卓越班的隐形文化。或许只是不经意的几处小细节，却往往能唤醒学生的“卓越”意识。

（一）读书角

热心的家长为本班捐赠了书架，孩子们把自己做过的题集、作文集、优秀的纠错本或看过的名著等都分享在书架上，定时定组轮流更新，这很好地养成学生关注时事、广泛阅读的好习惯。

（二）奋斗墙

奋斗墙上张贴了每个同学自己的理想大学和座右铭，也张贴了相互鼓励、相互学习的优秀作业或优秀试卷。当孩子们在努力过程中有所懈怠的时候，面墙而思，短暂的凝视也能起到加油鼓劲的作用。

（三）英雄榜

历次测试，我们表彰成绩优异的同学，更着重表彰成绩进步的同学；因为在高三，我们最重要的是超越自己，成为更好的自己。我们表彰成绩突出的个人，更着重表彰成绩突出的小组；因为在高三，小组的团结合作才能使效益最大化。每个小组成员在历次测试中都有个人目标和小组目标，达成目标者拍照留影，正如雁过留痕般我们会将他们的照粘贴在英雄榜上。榜样就在身边，正因为如此，同学们很快就在班内形成了你追我赶、不甘人后的十一班精神。

（四）励志标语

班级口号彰显班级精神，经过同学们一番自发地征集和选择之后，孩子们把班级口号定下来：“十一，十一，奋斗不息；十一，十一，永争第一”，这也成为我们班出现在学校各种场合的励志标语，同时在教室内，还张贴着“入班即静，入座即学”等起提醒作用的励志标语。

（五）倒计时牌

从开学第一天开始，同学们惜时如金，原本由生活委员负责翻动的班级倒计时牌，每天总是被不同的同学抢着翻动，他们会觉得当自己翻过去的那一刻心里就会更多一份紧迫感，从而不断督促自己继续学习。

二、组建得力的班干队伍，班干培训高效而独特

得力的班干队伍是班级发展的永动机和生命力。本着“自由竞选，同学推荐，班级师生考核”的原则，我向全班下发了如下所示的班干培训资料，通过讲解让每位同学明白班干的重要意义和重要职责，形成踊跃的参选氛围。大家的眼睛是雪亮的，经过层层选拔，最后敲定了班级班干队伍。后来的事实证明，他们确实是班级发展的中坚力量。

一切都是最好的安排

——2019 届高三（11）班班干培训资料

一、团队口号

做最努力的自己，促最团结的团队，成最优秀的班级。

二、班干部的使命与责任

1. 营建 11 班集体精神，传承 11 班班级文化

2. 洞察同学需求，捕捉进步机会，抓能力和成绩增长

3. 带领班级实现班级、小组和个人目标

4. 开展班级建设，帮助同学成长

三、班干的选拔与评估

1. 选拔的最高标准是实践

2. 班干的品德高于一切

3. 选拔的基础是忠于集体的利益

4. 能力考核先看工作热情和干劲

5. 班干必须具备不甘人后的进取心

四、对班干的要求

尊师重道，及时沟通，组内互助，爱班如家，以班为荣。

爱护集体，甘于奉献，杜绝分裂，团结一致，互帮互助。

吃苦耐劳，积极主动，勇于担当，以身作则，不计得失。

不甘人后，分秒必争，杜绝消极，积极面对，传播能量。

危机意识，惶者生存，遇事冷静，自我批评，不断优化。

五、具体职务职责分工

职务不分高低、贵贱，只有分工不同，班级将按照各职务班干的职责对班干进行每月考核，并对班级建设踊跃提出有益建议的班干进行表彰和鼓励，并以此作为班干评优评先的依据。

班委职务	职 责
班长（值周班长）	对班级事务敢管敢干，及时与班主任沟通班级的任何情况，带头处理班级的一切事务，负责班级活动的组织和协调，做好考核登记，每周总结和反馈班级情况，形成阳光的班风、浓郁的学风，形成良好的班级形象。
学习委员	营造学习氛围和班级文化，及时反映老师和同学的学习需求，协调和管理各科代表的工作，监督科代表的工作质量，调动科代表的工作热情，每天早读及时登记科代表等反馈上来的作业上交情况。
科代表	及时做好各科任老师的助手工作，及时给科任老师反馈班级学生的学习情况，给老师提出合理的建议和意见。带头关心老师的身体状况，每天到校五分钟之后收完作业送至老师办公室，做好收集情况的登记，并将情况向科任老师和学习委员及时反馈。上课前检查讲台是否干净，是否需要到老师办公室协助派发作业等。

续表

班委职务	职 责
小组组长	带领组员制定小组名称、口号、目标，组内进行组员学科领头分工，约定集体学习的形式、时间、地点，形成并上交小组发展计划，制定月考共同努力目标，形成小组文化。关心组员，带头做好常规，积极学习，耐心解答组员的问题，营造组内你追我赶、互助互帮浓郁的学习氛围，对本小组内每天课堂学习中未曾提问或者回答问题的同学要及时提醒。
纪律委员	保证课堂上课纪律，课堂要做到踊跃有序，监督班级同学在校的一切日常遵守纪律的情况，对迟到、上课睡觉、玩手机、仪容仪表等纪律问题要及时提醒和帮助同学改正错误，并做好登记和沟通工作。
劳动委员	安排和管理每周班级卫生值周和学校卫生扫除过程，净化和美化教室，监督同学的卫生习惯，保证教室整洁明亮，监督同学桌子上的书籍资料和其他物品按照要求摆放。
电教委员	负责管理和维护班级的一切电教设备，监督班级同学对其规范使用，正常使用过程中及时协助科任老师或同学解决遇到的设备问题。
生活委员	负责管理和公示班级的一切财政收支，优化教室环境，关心同学生活和身体健康，统计并帮助班级同学过好生日，定期张罗慰问老师的班级活动。
体育委员	关心班级同学的身心健康，带头锻炼身体，负责管理和策划与班级同学相关的一切体育或课外活动，做好升旗等集会的列队管理工作。

续表

班委职务	职 责
团支部	
团支书	带头处理班级团支部一切相关事务，管理好团支部工作，收集一切跟班级发展相关的活动资料，以提供班级毕业留念使用。
宣传委员	负责班级形象建设，营造班级的学习环境，黑板报、标语的设计和张贴，组织有益于班级的健康发展的班级活动。
组织委员	管理学生的团籍档案等团务工作，观察和留意同学的身体和学习状态，及时发现和疏通同学的心理问题或思想问题，发现问题并及时跟老师沟通。
文艺委员	负责班级形象的维护和建设，调节班级学习和活动氛围，组织有益于班级健康发展的活动，组织设计班级运动会、艺术节等活动的口号、班歌等。

三、民主制定班规班纪，公众号推送班级周际人物

有了得力的班干队伍，在班干队伍的组织下，全班同学和班主任一起从出勤、纪律、学习、卫生、仪表、集会、两操（眼操、体操）这些方面制定适合自己班级发展的班规班纪，并且结合这些班规班纪，制定学生平时表现的考核标准和考核细则，班干轮流值周，值周班长负责给班级每位同学和每个小组进行测评打分，并在下周班会进行上一周班级表现的

小结。根据同学们的个人和小组考核成绩，班级每周也及时对表现“突出”的小组或个人进行相应的奖惩活动。其中，班级每周以微信公众号“高三（11）班周际人物”的形式推送榜样人物，这也是加强班级凝聚力，鼓励弘扬班级正能量的好办法，下面以其中一位同学的推送内容为例。

本周高三（11）班周际人物：熊天宇

上课时，我们总能听见他与老师积极互动的声音，这让课堂增加了不少活力。在老师需要投影仪等设备时，他也积极上前帮老师解决，保证了同学们的上课质量。课堂外，当学校组织班集体活动时，他总是尽心尽力地组织大家排队集合，他的负责也让班级得到了不少表扬。绿茵场上，他飞奔的身影吸引着不少人的目光，他娴熟的足球技术让人惊叹不已，他那登峰造极的射门技术更是让全场掌声雷动。他就是熊天宇，一位充满正能量的同学、一名得力的电教委员、一位积极付出的体育委员、一名充满斗志的足球队员。

第三节 深入发现学生的学习问题，对症下药

确定了高考的目标，那么该如何有效地将目标落实到每一天的行动中呢？作为班主任，如果只是通过与同学们的聊天、批改作业或周记、观察课堂表现等方式，是不够深入的。因此我号召全班同学在开学第二周参加“高三高效学习日”主题活动，坚持一周，每天下发和回收以下表格，让学生如实记录自己每天的学习情况，并对自己的学习效率进行评价及提出改进措施，班主任这一周通过每天回收和统计学生的学习回执，发现学生的普遍问题和典型问题，再对症下药，举措更客观有效。

高三（11）班“高三高效学习日”主题活动

同学们，一日之计在于晨，没有计划的努力是盲目低效的，为了更好地提高我们的学习效率，这周我们将开展“高三高效学习日”主题活动，为了确保活动意义，请你以提高效率为目标，每天早晨开始填写表格并针对表格内容，自省每天的学习效率，不断优化改进学习效果！

“高三高效日”主题活动记录表

活动序号	完成的学习任务	完成时段	完成时间评价（适中、较长、较快）	完成效果评价
1				
2				
3				
4				
5				
6				
7				
8				
9				
10				
反思一日的学习效率并提出改进策略				

活动记录日期：　　　　　　　　学生签名：

综上观察，学生在高三的开始阶段还存在着以下比较突出的问题：

（一）缺失具体的学习目标，动力不足，危机意识不够。

（二）课余时间抓不紧，手机影响学习。

（三）各有薄弱学科，但不够重视薄弱学科，缺少持之以恒的努力。

（四）学习无计划，盲目跟进，学习效率不高。

（五）课堂主动回答问题的同学不多，时有瞌睡，课堂效率不高。

（六）课后不善于发现问题，不及时巩固知识，作业完成质量不高。

针对这些问题，班级实施了有针对性的发展策略：

（一）召开主题班会，唤醒学生的目标意识和时间意识。例如：以加强学生学习动力为主题的班会《我们为什么要考大学》；以分享和强化学生高考目标为主题的班会《我的梦想》《让自己过得不平凡》；以分享学习方法为主题的班会《像学游泳一样去读高三》等。

（二）展示在“高三高效日”主题活动中表现优异同学的学习计划表，然后让这些同学分享科学合理安排学习时间、高效学习的方法。并让学习无计划或学习效率较低的学生，与学习高效的学生进行一对一的结对帮扶学习，班主任及时跟进学生结对后的学习改进情况，并作出点评和指导。

（三）召开小组会议，号召各小组在组长带领下在课堂进行主动提问和回答问题，并将各小组的问答表现列入对各小组的考核内容之中，每周进行总结表彰。

（四）统计各人的薄弱科目和优势科目，在各小组进行学科分工，优势互补，具有学科优势的学生带头负责监督本小组该学科的学习和疑难问题的解答。

（五）除了在班级提倡早睡早起的作息习惯外，学校和班级为同学们置办了指压板、立式高台（可供站立听课的学生使用的书写桌）、毽球、篮球、羽毛球等为学习解压的相关物资，提倡学生下课后踢毽子、打球、跑步，让身体活动起来，以应对上课打瞌睡等“亚健康”现象。

（六）召开家长会，发动家长的力量，签订“不带手机进校园”的协议，家校联合，共同管理，共同关注手机影响孩子学习的问题。

同学们都说，高考是一场长达 18 年的马拉松，从他们出生的那一刻便不断倒计时，这也是他们人生的第一场重大考验；有幸，我们同行，为了梦想，一起努力！

第四节 给力的家长和家长委员会

高三（11）班这一年来的茁壮成长，离不开全体家长和家长委员会的热心支持和无私奉献。细细数来，平日里家长们多次设计并参与了班级的主题班会，他们现身说法，为孩子们加油鼓劲；每次测试过后特地为孩子们买奖品并亲自到校对他们进行表彰奖励；家长们还一起参与了学生的监考活动、运动会、成人礼、毕业典礼等。家长们付出的点点滴滴都在告诉孩子们：这一年，他们不孤单，我们在一起奋斗。以下是班上家长委员会的家长代表在第一次家长会上的发言内容，情真意切地告诉大家应该怎么做好高三学生的家长。

高三家长，你准备好了吗？

尊敬的各位家长：

很荣幸高三这一年我们能共同见证孩子们的进步和成长，希望我们携手共进，一起见证孩子们收获努力的硕果。这一年里，家长该如何更好地帮助孩子们实现梦想，作为家长代表，有幸得到班主任的指导，结合自己的体会，下面给大家几点建议：

第一，期望合理，目标具体。根据孩子的实际情况，与孩子共同商讨，制定双方都一致认可的高考目标，目标越是清晰具体，孩子们的动力越强大，与孩子一起制定每次月考目标和成绩跟踪档案，关注孩子的每一次进退，客观分析并一起想出应对措施，让孩子对目标的实现更冷静和自信。

第二，情绪稳定，家庭温馨。面对孩子在高三努力过程中成绩的起伏或者其他成长问题，家长需要调整心态，稳定情绪，保持对孩子的鼓励，并在家庭内给予孩子一个便于倾诉内心烦恼的温馨环境。家长可以在周末或节假日组织一些让孩子解压的家庭活动，住校生家长每周到学校送补品或水果的次数要适当，避免过度关心给孩子造成太大的精神压力。

第三，家校沟通，不乱跟风。关于孩子的情况，家长要及时跟班主任或者科任老师沟通，具体反馈孩子的问题和家长的疑惑，与老师共同商讨解决的办法，交换信息，做到心中有数，使孩子少走弯路。提醒孩子提高学习效率，关注薄弱学科，不盲目跟风补习，针对孩子的短板学科，要与老师和孩子一起分析问题，制定切实可行的办法和计划，需要补习的科目也必须在补习过程中跟进补习效果，与补习老师多沟通，配合做好促进工作。

第四，倾听鼓励，解决问题。当孩子成绩退步或者学习状态不佳时，家长避免无效的啰唆，多用心聆听孩子们的困难和烦恼，共同商讨解决办法。用积极的语言和行动，让孩子感受到家庭的力量，增添一份奋斗的勇气，不再感到孤单。当孩子成绩进步时，家长也应及时给予语言鼓励和物质奖励，使孩子保持努力的动力。

第五，变通形式，持续鼓励。变通与孩子的沟通方式，让孩子减少对家长教育的抗拒和回避，为孩子营造轻松的沟通方式，让孩子的心情得到释放，面对困难和失败，多抓住孩子的亮点、优点，给予肯定和鼓励。在表扬中让孩子自信，不断调整努力的方向，信心满满重新扬起奔向大学的风帆。

第六，监督作息，合理锻炼。高三一年的成长离不开家长们对孩子的悉心照料，在高考压力下，家长需要保障孩子健康的体魄，在家监督孩子的作息时间，避免熬夜，沉迷小说、手机等现象，制订有效的学习计划，保持合理的学习节奏，按照规律的作息时间休息，并引导孩子合理锻炼，保证孩子身心健康地发展。

相信在这一年辛苦的高三生活中，孩子们会因为有目标、有方向，得到有动力的快乐；会因为有支持、有鼓励，得到被关心的快乐；会因为有进步、有表扬，得到被认可的快乐；

会因为有困难、有解决，得到成长的快乐。

最后祝愿高三（11）班的每一个家庭都幸福美满，心想事成！

高三（11）班家长委员会
2018.8

第二章

独一无二的班级建设

同学们在高三备考、应考驰骋沙场的过程中最坚强的后盾就是班级给予的最大支持。家长、孩子、老师在高三这一年好似成了战场上的亲密战友，给努力奋斗的孩子们一份家的温暖、一份家的向往，让他们在人前提起自己班级的时候，脸上挂满笑容，眼神中洋溢着幸福，这是我们建设班级的初衷和一直努力的方向。

第一节 11 班，有爱有力量

“团结奋进”一直是我们 11 班班级建设发展的主题和精神内核，无论是平日里的互助互学，还是主题班会、运动会等大大小小的班级活动中的相互呐喊鼓励，同学们都能时刻感受到自己的班是一个有爱的大家庭，因为我们相信，有爱才有力量。因此有一项班级活动，即使我们再忙也一定会坚持的就是集体生日会。班主任和班委精心策划每一次的生日会，每个月让同月生日的同学在班级得到大家的祝福，也能通过集体生日会使班级同学加强对彼此的了解；同时，短暂的愉悦和放松很好地舒缓了同学们在高三繁重学习任务下的疲劳。下面是一段班委为八月过生日同学献上的祝福词。

8 月生日会祝福

今天，我代表班级对过生日的同学们说一声“生日快乐”，也对这些同学送上衷心的祝福。

对有些人来说，这是你们的第

十八个生日，十八岁不是生命的开始，却是灿烂人生的开始。如今，我们有缘相聚于11班，为各自的灿烂人生拼搏，正如班主任所说，在接下来的一年里，大家相互依靠、相互取暖，人生如此重要的时段我们一起度过，相信这会成为我们以后最美好的回忆，在今后的成长道路上，我们将会成为最贴心的朋友和最亲密的伙伴。

在这里除了祝福，也代表班委为生日的同学献上一个励志的故事作为最实用的礼物：在2008年的奥运会上，飞鱼菲尔普斯包揽所有游泳项目的8枚金牌。但在这期间发生了个小小的插曲，在200米蝶泳的过程中，菲尔普斯的泳镜进了水，在第三、第四轮的折返中，视线已经完全模糊了，正常情况下，一定会影响到选手的发挥。可是菲尔普斯不但没有受到影响，反而还再次打破了世界纪录。事后面对采访他说，自己曾经接受过黑暗中的游泳训练，当时只是按照无数次训练的动作，划臂蹬腿罢了。黑暗中何时折返，何时触壁上岸，那都是轻而易举的。在黑暗中游泳的动作不需要菲尔普斯思考，长期的训练，形成本能肌肉记忆：人体的肌肉是具有记忆效应的，同一种动作重复多次之后，肌肉就会形成条件反射，也就是我们所说的习惯。这就是习惯的力量，当你把一个动作方式变成一种习惯的时候，不需要经过大脑思考，自然就产生一种行为。而一个好的行为习惯长期的坚持，可以逐渐改变一个人的命运。

曾经有人问为什么知易行难？因为你长时间养成了这种习惯：一有空坐下就刷抖音、快手，这是一种你无意识做出来的惯性行为。那么怎样克服坏习惯？要想让田里不长草，最好的方式是种上庄稼。用一个钉子挤掉另一个钉子，习惯要由习惯来取代。你要意识到，你生活中有哪些坏习惯阻碍了你的进步？然后像优秀的人一样，用好习惯替代它，那么你也能成为一个优秀的人。

最后，祝愿八月过生日和其他即将过生日的同学在这一年的拼搏中养成更多好的习惯，相信这些习惯都将帮助你们如愿以偿，在11班实现自己的梦想！

高三（11）班班委

第二节 我们一起谈逆商

智商情商或许我们都知道是什么，可作为班主任的我在班级跟孩子们谈的最多的还是逆商。什么是逆商，班主任结合班级发展的情境应该有着自己的理解，人的一生经常会遇到逆境，就像同学们在学习生活中遇到各种困难或障碍一样，如何在逆境中保持奋斗的热情，如何让自己在生活和学习中充满斗志，如何让自己跌倒后爬起来的速度比摔倒的速度更快，这就是逆商。

逆商高的人往往有这些表现：态度是对人生要有发展目标；状态是一直保持为目标努力；行动是每天多干一点点，干好一点点；结果是每日一得。那结合我们高三的学习生活，我们将经历无数次测试，测试中不尽如人意的情况总会发生，当我们面对失败，我们又该如何通过自己的逆商，从失败中学习和进步呢，给大家以下五点建议：

一、要多试错，把错误当作进步的资源

“试错”这个提法本身就不把错误看成是负面的东西。排除掉错误的，离正确的就近了一步。在现实生活中，好多

复杂的问题，其实不是数理推算的结果，恰恰相反，正是不断试错的结果。

二、运用随机对照学习的方法，尽早发现自己的错误

在学习中，我们“想当然”和“睁眼瞎”的情况时有发生。为了避免自己在学习中处于一种浅层的理解，建议大家可以随机对照学习，这一对照可以是对照同学的认识，也可以对照老师的建议，或者是教科书的参考答案，进而发现规律，或尽早发现自己认识上的错误。

三、学会分解思维，将困难或学习任务化整为零

要记住巨大的改变可以通过微小的积累来完成。面对困难或学习任务也是如此，可以分解为各种小模块。“小”则意味着干扰少，“小”同时还代表易于改进和测试，所有的改进积累起来就是巨大的进步，每一个小问题的解决，都会离总目标更近一点，这对增强你完成学习任务的信心非常有好处。

四、把问题看成是机会，不要害怕犯错

掩盖你的问题，那么你就等于放弃了一次次的学习机会。毫无疑问，你的学习能力也会随之降低。不敢去尝试，躺在舒适区，就没有进步。在不断的失败中积累经验，直到解决问题，这才是最正确的做法。

五、要敢于暴露和收集、反思自己的错误

正视失败，不隐瞒错误，才有可能带来巨大的进步。失败是生活和学习的一部分，逃避失败就会导致追求进步的学习步伐停滞不前。我们应该互相鼓励，勇于尝试，勇于从自我审视中学习，从失败中吸取真正的力量。只有这样，你才能从失败中学会成长！

第三节 他山之石，可以攻玉

学习是分享的过程，分享也是进步的开始。而在每次测试之后分享学习经验是同学们最愿意相互学习的时候，我们不仅让成绩优异的同学进行方法介绍，也让进步大的学习小组和个人分享他们进步的秘密。班上同学相互听取并虚心学习他人的学习方法，以下就节选了高三第一次月考后几位同学的学习方法和经验供大家参考。

来自郭绮莉同学的学习方法

一、做笔记，要用自己的方式来理解

比如说数学，你可以在课上认真听老师的讲解，下课再按照自己的理解，用自己的方法把它诠释出来，回忆老师的讲法，写下这节课的笔记，这就变成你的收获。

二、横向法归纳错题

同类的题就集中在错题本的一个区域，利于复习时方便快捷查阅这类题目，对于常错题可以遮住答案自己再做一遍，利于横向对比题目，更有收获。

三、限时做题

放一个小计时器在桌上，调好时间计时完成作业。这可以帮助克服拖延症。在限制时间的情况下，做题更专注，速度更快，还能养成有计划有行动的习惯。

来自莫泳欣同学的学习经验：我在高三学到的三条准则

一、做最坏的打算

测试之后我会做最坏的打算，如果考完试成绩出来跟预料中的一样差，那么起码心态不会太受打击。如果比想象的最坏结果要好，那么自己会很有获得感，心情愉悦。

二、不要让自己只是看起来很努力

每天刷题保持题感不能停，一定不可以松懈。不要被自己说服放弃，像我的文综选择题一直提高不了，每天刷题总是被虐得体无完肤，有时甚至对自己丧失信心。直到临近高考前我才感觉自己的文综开窍了，正确率提高了。你要相信努力一定会有回报，可能回报来得晚一点，但是你坚持练习积累的知识和能力都实实在在是你得到的收获。

三、享受独处

不要浪费过多时间在陪伴朋友上，自己可以去做的事情没必要一定拉着朋友一起去做，要享受自己跟自己相处的时间。

来自杨晓蝶同学的进步方法：每天看一些公众号推送的知识点

在自己的空闲时间、午睡前或等车时看看一些关于学习的公众号的文章，例如我会看地理蹊、海宁中学地理组公众号来学地理。遇到自己的新收获，先截图，回家再积累在笔记本上，自己边回忆边总结知识点。用多种渠道汲取知识，用自己喜欢的方式来进行学习，这样学起来比较有兴趣。

来自陈秦秦同学的进步方法：如何使计划执行得更有效

每周日的晚自习提前把下周的每一天的学习计划列在一个小卡片上，摆在桌子上显眼的位置提醒自己。一抬头就可以看到自己的计划，更有学习动力。

每天放学前根据自己学习任务的完成情况做评价并及时反思。经过反思才能及时认识到自己的学习计划制订的是否合理，学习时间安排是否足够，计划内容是否符合自身完成能力，等等。周末时可根据总体完成情况进行自我奖励或者惩罚，这样可以使计划更持续进行，学习有盼头。每日一小结，每周一大结。如果完成得好，周末奖励自己看一部电影，买自己想买的东西或者吃一顿好吃的。如果完成得不好，监督自己多刷一套题或来个长跑。

第四节 惊喜总是无处不在

班级的管理如果按部就班，一尘不变，时间一长，孩子们难免进入厌倦期，如何让集体保持活力，如何给集体发展注入新鲜的血液，如何调动孩子们学习的积极性，这需要班主任与时俱进、不断思考，给班级发展带来一些“兴奋”点，如果班级生活惊喜无处不在，这能让孩子们在平常的学习中始终保持学习的动力和活力，举几个例子说明。

活动一：隔空励志，效果不凡

一味地说教，一定会让早已明白道理的高三孩子烦躁不堪，但如果穿越时空，让孩子们亲眼看到，亲身感受到师兄师姐努力的结果，隔空励志，效果一定截然不同。主题班会上，作为班主任，用心收集并展示了往届高三学生在各种学习场所的励志图片，如他们上课积极提问的照片；他们在桌面、宿舍张贴的各种励志标语或温馨小贴士；播放高校美丽校园的图片；播放现在身处高校的师兄师姐对同学们的鼓励演说……这里面有坚持、有奋斗，更有期许、有鼓励，看着现在坐在教室里眼泛泪光，激动不已的孩子们，我知道将来他们也一定会成为激励下一届高三学子的成功榜样。

活动二：一群人走得更远

一群人走得更远，11 班一直强调集体团结互助的力量。根据组内学生各科学习能力优势互补，各组总体实力相当的原则，在班内进行六人分组学习，由组长带领组员制定小组每个阶段的学习奋斗目标和集体学习方法。为了营造你追我赶、不甘人后的学习氛围，每次测试之前，各小组都会根据自己小组的实况，主动申请奖项，目标达成的小组给予全组奖励并向全班介绍集体学习的经验；而退步明显的小组也会由组长带头进行全组的共同反思和学习策略的调整。自从有了小组合作学习之后，同学们学习变得更主动、更自觉，合作学习的氛围越来越浓厚，在班上我们可以看到激烈讨论学习方法的小组，可以看到上课互相提醒认真听课的小组，可以看到下课一起订购学习资料的小组，可以看到周末约定地点一起学习的小组……

活动三：我们的奖品自己说了算

说到奖品，每次都是学生很期待的。但如果按照常规的奖励，可能更多的就是本子、奖状，大大降低了学生心里的期待。为了激发学生的兴奋点，班主任可以在班级号召全班同学在表彰之前，自由上报最需要，最实用的奖品，以下是我们班学生报上来希望得到的奖品，从中也可以侧面感受到孩子们的高三生活。

学习用品类：

活页本、计时器、装书的箱子、思高神奇透明胶布、文件夹、错题本、剪刀、书立、便利贴、三菱笔芯、白胶、大号长尾试卷夹、字帖、教材辅助、打孔机、索引贴、斑马荧光笔。

生活用品类：

纸巾、一次性眼镜布、抽纸、垃圾袋、风油精、暖手宝、清凉油、U形枕、小盆栽。

食品：

茶包、面包、酸奶、燕麦、薄荷糖、速溶咖啡。

我们还做过这样有意思的尝试：每个同学贡献一份自己从家里带来的小礼物，在礼物上写上高三的感言和对同学的祝福，然后班委将同学们的礼物收齐之后编号，获奖的同学则通过抽奖的形式，将随机获得这些带编号的礼物，这个过程重在让同学们之间通过礼物的互赠加深情谊，有趣而且有意义。

活动四：知心姐姐的书信对话

作为班主任在学习生活中需要随时关注孩子们的发展状态，而反复的口头啰嗦效果不佳，所以有的时候我会切换成书信的方式跟全班学生交流，让他们在闲暇之际读读我与他们之间的心里话，例如，我先后与孩子们书写《决定你上限的，不是智商，而是自律》《好习惯让你拥有全世界》等信件，时间一长，他们管我这个班主任叫知心姐姐，通过逐渐交流和认识，同学们慢慢地愿意向我这位热心主动又充满宽容和理解的知心姐姐敞开心扉，同学们在周记中与我畅聊的内容越来越多，第一时间为孩子们排忧解难，与孩子们打成一片，这也是建好一个班集体对班主任的基本要求，下面就以孩子们谈《时间管理的秘诀》这一信件为例。

时间管理的秘诀

亲爱的同学们:

导姐知道你们上了高三后，面临的学习压力越来越大，时间也觉得越来越不够用。可细心的你们一定会发现，面对同样多的学习时间,为什么有些同学能做到有条不紊地安排，而有些同学却总是每天看似忙忙碌碌，实则手忙脚乱，完成不了学习任务。淡定的同学之所以能云淡风轻，不是因为他们比我们聪明,而是因为他们有着一套自己的时间管理秘诀。下面就请你竖起耳朵听听时间管理的秘诀到底是什么，也希望这套时间管理秘诀的分享对你的学习有所帮助。

一、制订详细的学习生活计划

在开始明天的学习之前，我们在当天晚上入睡前就应该提前规划好第二天的学习计划。活动内容越具体越好，活动时段也应该有个具体的预判。等到执行时再根据自己的完成情况，适时地作出相应的调整、记录和评估。

二、反省自己的时间管理计划

在一天的学习生活中，我们必须详细安排和记录自己每一个行动的内容，在结束一天的学习生活之后，应仔细查看自己的学习记录，从中找出无生产力、浪费时间的活动，并且在下次的学习计划的制订中避免这些行为活动的出现。在反思中，你可以问自己以下两个问题：一是如果根本不做这些事情，会怎么样？如果答案是“不会怎么样”，就应停止浪费时间在这些不会有任何成果的事情上。二是在我所做的事情当中，有哪些事情花费了我的时间，但是对于我的学习效能却是毫无贡献的？如果有，应该立即停止。

三、重要的事最优先，一次专心做一件事

我们获得学习效能的秘诀就是专注。也就是把重要的事情排在第一位，而且一次只专心做一件事。一次完成一个学科的学习任务，恰恰是加速学习开展的最佳方法。为了提高效率，每做一件事情时，应该先问三个“能不能”：能不能取消它？能不能把它与别的事情合并起来做？能不能用更简便的方法来取代它？

对于重要且紧急的事情，我们当然是选择立刻就做；而不重要不紧急的事情，我们可以选择不做。平时多做重要但不紧急的事情，对紧急但不重要的事情，我们要有所选择去做。

亲爱的同学们，我们不只是为了备战高考才需要学习，学习是一辈子的事情，而且学习永远都不嫌晚，未来唯一持久的优势是有能力比你的竞争对手学习得更快，因此我们一定要培养自己管理时间的能力，从现在起，让我们惜时如金，做个有能力管理时间的人吧，期待你的进步和改变！

爱你们的班主任导姐

2018 年 10 月

第三章

在奋斗中学会超越

奋斗的高三显得格外充实，但忙碌背后不要忘记我们要学会超越，超越困难、超越自我，同时在超越中我们要不断攀升、不断接近我们的奋斗目标，我们要力争从知识上，从品格上不断提升自己，尽最大的努力做最好的自己，为自己的青春交出一份无悔的答卷。

第一节 如何发现和发挥考试的意义

考试，是每个高三学生必然要多次面对的事情，而考试的意义不仅在于考本身，更在于对学的反馈，但如果学生没有明白考试的意义，势必在考前会如临大敌，压力巨大，心态失衡，也容易导致考场发挥失利。因此如何引导同学们发现考试的意义呢？首先，反思表就是最好的工具。

战胜自我，挑战自我

——2019 届高三（11）班月考反思

都说高考是一场没有硝烟的战场，而最大的敌人不是别人，正是自己，要想把这场战斗赢得漂亮，我们首先要做的是了解清楚自己的学习状况，这样在宝贵的学习时间里才能对症下药，不断提高学习效率，最终实现自己的奋斗目标。下面，请你结合自己在月考的情况，如实总结反馈以下内容:

你退步明显的科目	退步的原因	改进的措施	你进步明显的科目	让你进步并可继续坚持努力的措施	你目前薄弱的科目	改变薄弱科目状况的措施	目前最需要得到的帮助

反思人姓名：

学生认真填写了反思表后，作为班主任回收反思表后除了共享给每位班级的任课教师外，还需要带头认真总结班级情况，并在班级的教师研讨会上反馈班级问题，与科任老师们一起商讨解决问题的办法，下面以我们回收同学们第一次月考后的反思表为例，来说说利用反思表进行班级情况总结的作用。

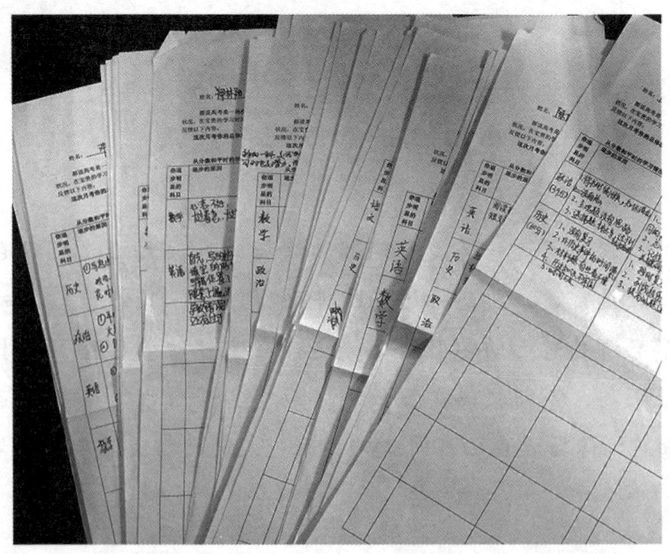

一、班级发展目前面临最大的困难

1. 学生基础不一，短板科目在学科和人员上分散，增加了班主任和老师们追踪的难度。

2. 住校生比例偏低，走读生比例较大，在家学习的过程无法得到及时监督，手机等问题仍在影响学习。

3. 个别同学适应能力有待加强，对新的环境、新的老师、新的同学仍然没有适应。

4. 学生心理压力较大，尤其退步和基础薄弱的学生容易出现心理问题。

5. 学习时间分配不合理，学习缺乏自我管理和计划。

6. 学习计划笼统，没有明确的时间安排，导致学习进程缓慢，学习效率低下。

7. 学习自觉性有待加强，尤其自习课、晚修等自我把控的时间，部分学生仍游离在主动学习行列外。

8. 个别学生对薄弱科目没有足够重视或者付诸行动，甚至产生厌弃或自卑的心态。

9. 个别同学对优势学科放松了学习节奏，导致成绩退步。

10. 部分学生对基础知识掌握不到位，缺少对知识灵活运用的能力。

11. 个别学生只顾埋头刷题，缺失学习方法和学习效率。

12. 个别同学个性突出，固执己见，自以为是，没有跟紧科任老师或者课堂，出现退步现象后推卸责任，没有发现自身的问题。

13. 个别同学惰性较大，时间观念还不够，时有作业偷懒，上课迟到等现象。

二、班级学生目前最希望得到的帮助

整体：

1. 希望老师多关注，多表扬，多鼓励，增加信心。
2. 希望课后有更多空余时间整理错题。
3. 巩固基础知识，希望老师把基础知识再讲细一点。
4. 知识框架不牢固，知识有混乱现象。
5. 多拓展一下选项背后的知识点，补充知识漏洞。

语文：

1. 语法问题。
2. 作文的提高与如何写好文学类命题作文。
3. 阅读的答题方法。
4. 希望监督每日阅读完成情况。

数学：

1. 个别基础弱的同学希望提高自己的学习热情。
2. 个别基础弱的同学希望老师课堂上多展示解题过程。

英语：

1. 希望学习方法得到指导。
2. 希望提高英语听说能力。
3. 短文改错的技巧希望得到指导。
4. 语法需要得到提高。
5. 希望有课上或课外单词的录音。
6. 单词量不够，希望老师能够检查单词背诵情况。

文综：

1. 希望主观题的答题思路以及答题方法得到指导。

2. 希望得到答题规范性的训练。

3. 主观题答不到要点，审题不明，希望得到提高。

4. 希望学科的阅读和积累方法得到指导。

三、班级进一步发展策略的思考

1. 班主任继续团结科任老师，尊师重道，做好老师们的后勤配合工作，在监督学生过程中，及时了解并解决各位科任老师的教学需要。

2. 关注学生在各学科的学习态度和学习状态问题，对于出现的暂时薄弱的科目由班主任协助科任老师强化学生的重视程度，并在课余给予学生更多自主的学习时间。

3. 奖励班级正能量现象，加强营造班级的学习氛围，做到学科均衡，在学生的时间分配和学习方法上及时给予监督和指导。

4. 继续强化小组的互帮互助，营造良性竞争的学习氛围，抓两头，促中间。

5. 因材施教，分层教育，约谈不同情况的学生，了解学习问题产生的原因，并给予及时的指导。

6. 安排好学生的碎片时间，关注学生的薄弱科目，根据学生的基础差异进行分层引导，指导学生利用好二八定律，在保持优势学科的同时，将时间合理分配给自己的短板学科。

7. 把课堂听课效率、课后作业质量、学科提升任务、时间观念等方面的管理工作落到细处、实处。

8. 召开家长委员会和班干会议，继续以小组为单位，充分发挥班干的力量，管理好各小组的学习和常规工作，形成你追我赶、互帮互助的学习风气。

9. 通过主题班会强化学生的目标教育、信心教育，增强学生的奋斗动力和自我管理意识，推广成功的学习方法和学习经验，改善部分学生偏科、学习效率不高、学习方法不对和学习情绪低落等细节问题。

10. 关注学生的心理和生理健康问题，组织生日会、故事会等班级活动并鼓励学生利用课余时间适当锻炼。

11. 班级的任何学习活动班主任都要跟踪、落实、坚持到位，对活动的成败要进行经验和教训总结。

总的来说，月考后班级工作发展的重心是每位教师守好课堂时间，帮助学生用好课后碎片时间，树立学生信心，引导学生优化学习方法和提高学习效率！

第二节 月考后学生发生的蜕变

每一场考试都是学生难忘的回忆。下面让我们一起听听高三学子以自述的形式回顾他们第一次月考后的蜕变过程：

经历了燥热的8月上课后，身为新高三学子的我们终于迎来了高三的第一场考试。怀揣着对一个月学习成果检验的期待以及临近考试的小紧张，我们在模拟高考环境中依次考完了各个科目。每考完一个科目，走出考场的我们都能听见同学们关于这次考题的讨论声。大部分还未适应高三题目难度的同学们或许就会觉得这次的题目好难，一股压抑的气氛弥漫在教学楼四周。

经过几天紧张的期待，同学们终于等到了第一次月考的成绩。这次的成绩发下来后，对某些失意的同学来说仿佛瞬间掉进了冰窟：不仅前一个月的学习成果没有得到证明，而且还打击了对高三生活的热情与学习的冲劲。而对于另一些同学来说，成绩单上漂亮的分数无疑是对他们一个月来努力学习的肯定，并且提升了他们继续奋斗的动力。

正当我们沉浸在自己的情绪中时，导姐在班会课上认真分析了在本次考试中我们的弱项和强项，并针对第一次月考的情况加强了我们小组合作的学习力度。我们每一组都根据本组的现状主动制定了自己小组的 5 个目标，如小组内组员全部进入年级前 100 名、进入年级前 30 人数最多、单科均分班级第一，等等。有了这些制定出来的目标，我们感到干劲十足，针对这些设定的目标，我们又重新制订了详细的学习计划：如组内每个成员选择一个自己擅长的科目进行学习任务布置和科目学习监督，每天相互鼓励督促学习，营造良好的学习氛围；总结每科的错题并对疑难点进行讨论；在规定时间内组员统一完成作业任务并进行课外习题巩固，等等。这些措施在我们的努力实施贯彻下，得到了较好的效果。

月考后，下课后在教室外、走廊上学习的同学越来越多，夜晚走廊灯光下同学们的影子从一个个变成了一团团，大家的背书声和讨论声在走廊上传开。我们有时会因为观点不同而大声地争辩，有时会因为反复背不下一段文字而苦恼。但正因为我们的专注，让夜晚走廊上微弱灯光下的我们成了全校最耀眼的主角。

课上从要老师反复问有没有小组愿意上来讲题变成我们抓紧时间抢题、抓紧时间讨论、努力组织语言讲好每一道题的答案，每个组的组员变得越来越默契，越来越熟悉，整个班合作学习的情绪越来越高涨。

就个人而言，同学们都给自己安排了每天的学习任务，为了完成安排的任务，大家情绪变得兴奋起来，每天都鼓励着自己完成当天的任务甚至是超额完成。还有一些同学，他们会在完成老师布置作业的同时，自己订购课外辅导资料帮助自己增加题量，树立信心，在面对新题时也能做到气定神闲、稳定发挥。所以，合理利用自己的情绪非常重要，我们要学会让情绪成为激励自己学习的利器。

月考后每个老师都会认真地看我们的反思表，并在上面留下他们的建议，或者单独叫同学出去谈心，以便给我们提供最有效的帮助。

就是这样，在一次次的考试后，我们的心态变得更加稳定，面对考试不会再那么慌乱，变得更能妥善处理好自己的情绪，调整好自己的学习状态。

第三节 我们如何让学习实现高效

学习的低效或无效是最困扰高三学生学习的主要问题，因此要在奋斗中不断超越，就应该不断提高自己的学习效率，实现高效学习。当然，实现高效学习首先要有一个合理的学习目标，如何设置合理的学习目标，下面给大家一些建议。

第一，把所有的目标都写下来，并给它一个完成的截止期限。

第二，让目标客观化。学习过程中，你要能判断出目标是否已经达成。拒绝像“已经学得很多”这样一种不客观的自我感动。

第三，设定稍有些困难但是努把力也可以达到的目标门槛。设立比自己能力稍高一些的目标更能够充分激发自己的潜能，但不可好高骛远。

第四，将目标的完成转化为每日和每周的具体行动。你的目标应该分解为每日和每周的具体小目标，通过小目标的不断积累从而实现自己的宏观目标。

第五，经常看看你的目标。经常检查和反思自己目标完成的情况，及时调整不合理的做法。

有了目标，如何通过高效学习实现目标，建议如下：

一、管理好自己的能量

能量管理不佳的学生往往因为过重的任务而将自己搞得精疲力竭，今天透支身体数小时明天你可能要为此偿还更多的时间，要想有良好的能量管理需要你将行动计划由线性改为循环式：线性的计划是平均安排时间执行任务，而循环式作息计划则先集中小部分时间完成大部分任务。这种计划安排能让你做到有张有弛，而不是死气沉沉，像个机器人。例如：设定 30 分钟；给定自己 30 分钟，集中精力完成某个学习任务，一旦 30 分钟结束，停止学习并进行休息。30 分钟的时间设定能让你学习时注意力更集中。

二、没有目的不要学习

如果没有明确自己每一处学习行为究竟想达到什么目的，就去不停地“学习”，实在是对宝贵时间资源的浪费。最为关键的是对于任何一种学习过程，在坚持深入下去之前都要不断地问清自己为什么要这样做，这样做的具体目的是什么，这样做对自己总体目标的实现是否有利。

三、学习活动绝不拖延

对抗拖延的最好方法就是呈列每周和每日的活动计划清单：每周周末，列一个清单，包括你想在下周完成的学习活动。每天晚上，对照周计划，列出自己第二天的目标清单，并将每周的工作分配到每一天，你要确保完成每日的工作清单，但是不一定超过它。

四、学会批次处理学习任务

批次处理的意思就是将那些类似的、零散的学习任务集中起来一次做完。批次处理最适用于将那些需要时间不长的零散的学习任务放在一起做。例如：将整理语文和数学笔记的任务集中在半小时内一鼓作气完成。当然超过 3 个小时的工作用批次处理，效果就不好了。

五、过有秩序的学习生活

学习生活的杂乱无章影响学习效率，我们可以这样做：所有的物品都放在固定的位置；随身携带一个记事本，每天随时记录各种错漏的知识点，日积月累必有所获；坚持使用日历来记录要做的事和截止日期，等等，只有让自己的学习生活变得有秩序才更有效率。

尝试以上建议看看，你也可以成为一个高效学习的学习能手！

第四节 她不仅实现了梦想，还超越了梦想

收到高考分数短信的时候，莫泳欣同学简直不敢相信自己的高分，最后她被中山大学录取，这一年，她说自己不仅实现了梦想，还超越了梦想。她是如何做到的呢，一起来看看她的经验介绍。

一、心态

在高三一年的学习中，心态真的很关键，良好的心态可以助你走得更快。

课上要认真跟紧老师，专注于学习，不浪费每一分钟。但是课下应该给自己喘息的时间，弦崩太紧会断掉。我的高三一年劳逸结合，该玩就玩，心情保持愉悦，保持对学习的热情与拼搏的冲劲。

尽量不要让一些事情干扰自己的心情，一定要调整自己的好心情。无论是什么事情，如果影响到了你的学习，就要警醒了。远离让你分心的人或事，放下与学习无关的想法。适当给自己一点压力，压力使你有一定的紧迫感，可以提高

学习效率。对自己的心理暗示也很有用，骄傲的时候认清楚自己真的没有那么棒，而颓废的时候就可以鼓励自己：我很棒！我可以！我能行！我真的很不错！睡前肯定自己：今天又学到了很多！明天又是美好的一天！

不要将自己定位在永远落后的行列里，就算是暂时的掉队也要有不认输不服气的劲头。高三有这么多次模拟考试，不可能每一次都考得好，也会有停滞与退步，有难过与失落。但是千万不要否定自己，不要自暴自弃。你要记住，最重要的是最后一次考试——高考。数不清的模拟考试中，我只有最后一次适应性考试拿过年级第一。因为第一名的宝座经常是男生，班主任常鼓励我说："不要怕他们啊，下次加油拿第一，超越男生！"在保持谦逊，不断进取的同时也要相信，一切皆有可能。对，你可能就是下一次的第一名。终于，在高考这场最终战役中，我超越了男生，成了第一。

二、班级

我在课上是个比较活跃的人，我相信参与感越强，上课越投入，学习效果会越好。

地理课上，我喜欢边听边说出自己的答案、自己的思路，这样答错了会记得更牢，答对了会给自己增添信心。一定不要碍于面子不敢出声，你与老师有互动，在课堂上有交流，便减少了你分神的可能，也利于老师发现你的问题。

历史课上，我们各小组经常要讨论问题，然后每组派人上去讲题。上台讲题锻炼了我的胆量，更提高了我审题和解题的正确率。即使我只是重述小组讨论的结果，但复述一遍在潜移默化中改善规范了我的做题思路。

我觉得我们班的学习氛围特别好，大家彼此是竞争者，更是同行者。要善于向班级中厉害的人学习，有不会的题目要多去讨教这一科的强者。多多借鉴强者的方法，但请记住，适合自己的才是最有效的。

在与同学相处方面，我们要友善待人，和睦相处，营造良好的学习氛围。别人来问我题目时，我总是觉得自己很荣幸，因为这说明我被人信任且能力受到肯定。疲惫时我常与同桌聊最近的微博热搜，互相浮夸地赞美来放松，与周围的同学互相讲冷笑话，互相鼓励，与同学踢一场激情四射的毽子比赛来解压，与同学们一起埋头苦读、比肩前行的日子，真的是学生时代最值得怀念的美好回忆。

三、宿舍

我和宿舍里的舍友们相处得很融洽，大家在学习上彼此激励，互帮互助。我们在生活中友情深厚，遇到烦心事时大家一起帮忙排忧解难。我们一起唱歌，一起庆祝生日，一起学习，良好的学习和就寝环境对我的学习有很大帮助。

我们有摸索过一些集体学习的方法，例如在一张纸上用马克笔抄上英语单词，贴在显眼且常去地方的墙面上，刷牙时可以利用碎片时间记忆墙上这些单词，每几天更换一次英语单词，还写上一些激励的话来振奋人心。

每晚睡前我们会一起回忆今天上课的内容，对今天一天的学习内容进行巩固与反思。我们宿舍还收集教室里发剩的文综试卷，每天早上发一张给每个舍友，大家上午写完之后中午回宿舍讨论讲解，既可以好好利用手头的资源，又可以检查做过的题是否弄懂了。

在高考前两天停课复习时，我们宿舍严格执行每天上学的上课时间制，复习 50 分钟休息 10 分钟，井然有序地执行各自的复习计划。我认为，高考前的停课时间是不可以松懈的，不可以一个字不看的。我的建议是根据知识框架去复习，因为你已经复习了这么久了，该学会的都已经会了，该把握的也已经把握了。不要贪心想把全部知识都抓住，能抓多少是多少，你现在复习了多少是多少，不要焦虑，不要有“我还有很多东西没看完没背完”的心态，累了就休息一下。随意翻看一下教材，大概把握一个整体。过一遍教材的目录，看每节标题心里想这节的主要内容，如果有记忆模糊的地方再翻开教材细看。去背太细的内容短时间不仅记不住，还容易丢了其他记住的。另外，将自己经常犯的错误列个清单，考前看一遍注意避免再错。

四、老师

不夸张地说，你的六位科任老师是你人生道路上的贵人，这句话是实实在在的道理。不要对某一科有抵触心理或与某一位老师闹别扭，因为每一科都很重要，都不能放弃。

如果你在某科上有困惑或者困难，要及时跟老师讲明自己的学习情况，询问老师应该怎么办。你要相信你的老师，他们经验丰富，见过了许多学生身上出现的情况，他们会给你针对性的、实用性的指导与点拨。

上课没有听懂的，做题中遇到不会的题，要敢于在课下找老师问，提问是进步的关键，你如果不问，这个盲点就一直存在，日后迟早会显露这一个缺陷，阻碍你的前进。

最重要的是要尊重老师。我真心感激我在福田中学三年遇到过的老师，尤其是高三遇到的六位可爱的科任老师。他们教会我的不只是学习上的知识，还教会我做人处事方面的道理。我也特别要感谢我的班主任导姐，她总是鼓励我，给予我很多肯定与信心，在我考差时会跟我私聊，开导我，考好时会客观分析我还应提高的方面，并给我建议。

老师是你成长路上的引路人，对老师怀感恩之心，老师自然也会给你无私的帮助。

五、语文

初中和高中必备篇目一定要乖乖背，整张卷子你能通过背而得分的只有默写填空，这是一定不能丢的分。

看一些纯文学作品来积累语文素养，在笔记本上积累哲理名人句子，古今中外的有文学味道的哲言都分别积累一些，作文中引用几句点题，会增分不少。

另外，语文老师教过我们，如果畏惧哪道题就一连着做几十道这种题，做下来你慢慢会发现，你不怕了，正确率也高了。我用这个方法练论述类文本阅读，俗称“夺命九分”的三道题，做了二十篇之后发现它已经夺不了我的分了。

六、数学

首先不要畏惧数学，数学的确难，但是也没有你想的这么可怕。做数学一定要有自信，不能犹犹豫豫，不敢下手。基础的分一定要拿到，保住基础的分，再努力得到难题的分，能得一分是一分。

熟悉常用公式，并零失误运用。非技术性失分是特别吃亏的，平时做题时就要训练自己的正确率和做题效率。限制时间做题，做完及时批改，纠正自身错误并学习正确的解题方法。

数学老师教过我们，做套卷时分为横向做题法和纵向做题法。开始时可以纵向做题，做一整套顺着做，拥有对卷子的整体概念，熟悉题目分布和时间把握。在高三下学期时，可以尝试横向做题法，针对一种题型练习，做完一道就翻到下一套的这一题目。这可以检测自己对于这一种题型的不同类型是否存在知识盲点。

七、英语

首先是练字，因为漂亮的卷面书写会为你加印象分。练了之后短时间内字体可以改变很多，不仅成就感很足，还能放松放松心情。

听说考试的十五分是高考第一关，我拿了满分其实并不是我的口语很厉害很流畅，而是有技巧的。我认为重点在于先学着说，再学着自己说。我喜欢听英语歌，也喜欢唱，慢慢养成了读英语的习惯，生活中遇到什么事情试着用英语表达，或者随时看到路上的物体就用英文翻译。当时老师要求我们每周背新概念英语，其实是很有效的，对模仿朗读部分有帮助。我觉得三问五答是最难的，通过背短文你可以学会怎么造句，如何说疑问句。回答时尽量简洁，不要拖拉，先想好答案，直接讲出要点答案，不要因说多错多而得不偿失了。

阅读理解的分值占全卷很大一部分，做阅读理解一定要耐着性子看完，一边看文章一边画线或按你喜欢的方式做标记，方便做题的时候找答案。大部分的答案都在原文中，需要你的细心与理解。完形填空做题需要熟悉各种关联词、同义词、词组搭配。有一些题目是同义复现。需要注意的是，文章立意一定是正能量、积极向上的内容，结尾处一般都是励志的话。选词的时候尽量排除负面的词，当然不排除有个例，但是当你不知道选哪个的时候，一般情况下是可以尝试一下这种做法的。其次，要了解自己薄弱的部分并加强练习。针对自己薄弱的部分，每天额外写题，不用多，最重要的是要有收获。有时候也可以一天就集中练一种题型，每天要保持写题的感觉。其实说实话，有些语法的专业术语，结构与成分用法，我都不是很清楚。但是做题有题感，我就知道这道题应该选这个、应该填这个，这句话应该是这样表达的。知自身之弱亦需补自身之弱，抓住问题所在后要着手去解决。每天可以利用碎片时间背考纲词汇，食堂排队时、课间休息时、排队洗澡时、去学校和放学回家路上，都是可以利用的。考纲词汇熟了，做题会容易很多。

如果你学得比较吃力，不要焦躁，也不要放弃。你更要沉下心来，重视英语，不要让英语成为你的瘸腿学科。英语虽然不能短时间内提高很多，但长期积累终会有成效。你要做的就是，坚持积累单词，打好基础。课堂上老师会讲很多生词很多用法，你并不能马上记住，但不要听过就忘了。我觉得课堂上的笔记信息量很大且很有用。我的做法是，先把老师讲的生词抄在便利贴上，因为记录速度需要很快所以抄得会很乱，课后再整理抄到笔记本上，既能二次记忆又可以练字。而便利贴就贴在桌上，利用碎片时间多看两眼，加深记忆，不是全部都要背下来，起码对这些笔记留个印象。

另外，我的英语老师常跟我们说“教学相长”。比如别人问我单词或问我题目，我在教同学做题的过程中也在反思自身，汲取知识并取得进步。遇到不会的单词时自己先去翻词典，实在不懂就去问别人。所以我和我同桌之间经常会互相问英语单词，遇到不会的词，就大家一起翻词典去弄懂。自己主动去吸取的知识，印象会比问别人得来的知识深刻很多。翻词典其实很实用，对语法和改错很有帮助。其实我们已经掌握很多常用词语了，所以我们要做的是拓展、发散，积累一个单词的不同固定词组。不同的介词搭配有不同的词义与用法，一个词的不同词性转化，词典上都有，而这就是你手头上可以触及的知识。

八、政治

政治重要的是熟悉教材，知识背诵是基础。到了高三下学期，基本上是每天复习一本教材，四本书滚动背诵，持续背诵，越背越熟，越背心里越有底。

然后要关注国内外时事，对各大新闻要有政治上的灵敏，能提取出政治上对应的学过的知识。另外还要留意选择题常见的陷阱，多一个字意思可能就变了。

九、地理

我有一个地理笔记本，摘录归纳平时学到的知识点。每天做 11 道选择题来保持温度，做完题后列下错题的正确思路，晚自习时再认真复习今天一天总结的知识，加深印象。然后自己课下积累总结答题模板，只需明了关键要素就行，答题时回忆模板的要素展开回答。

十、历史

高三学习历史最大的收获是历史老师教我们用表格归纳历史事件，主要有五个要素：时间、主要事件、人物（阶级）、事件经过（主要时间点）、作用（影响）。你还可以做不同历史事件的对比，用表格表示出来很清楚明白，自己做出来的表格印象会很深刻，容易记忆，复习也一目了然。另一个心得是一定要熟悉教材中的原文，熟悉目录的每一个标题，以利于对三本教材的整体把握，熟悉各个历史事件的时间，对这一事件的评价的褒贬等可以在选择题中排除掉一些选项。

这一年莫泳欣同学用坚持、用智慧、用实践走出了一条适合自己的高三通道，直通高校之门，这一路的坎坷和辛酸只有她自己最清楚，而这一切的付出，回报她的不仅是那张梦寐以求的大学录取通知书，更重要的是她收获了人生成长道路上最宝贵的经验和回忆！

第四章

披荆斩棘　砥砺前行

高考的征途充满坎坷，有时是失落，有时是彷徨，但这一切都是我们的必经之路。当你勇敢地闯过去之后，再回首看看这布满荆棘的道路，这份曾经让你难忘的痛苦，却会成为你最宝贵、最难以割舍的成长经历。

第一节 成长的烦恼

有人说，高三这一年就是泪中含笑的奋斗史，在成长过程中我们有着这样或那样不同的烦恼。记录这段成长过程的周记，也就成了我们回忆青春、回忆成长的最好途径，也成了班主任随时关注每位同学生活学习状态，更好地与同学们沟通的桥梁。下面摘录的同学们的周记内容，不仅是他们成长的印记，也为我们提供了借鉴经验。让我们一起感受高三成长的不易，听听老师和同学们的建议，或许能帮助我们更快地走出迷途。

坚持努力却未能进步的烦恼

我积极上进，满心都是学习，每天步履匆匆，惜时如金，无时无刻不在学习。可是，不管我怎么努力，我考试发挥得总是不稳定，排名也是时高时低。这样的情况让我彷徨迷茫了很久，让我在学习中变得浮躁，上课走神，学习效率低下，还经常不能按时完成作业……我的努力好像没有得到回报，这让我在学习时甚至产生了要放弃努力的念头。希望老师能够给我提供好的建议和启示。

陈秦秦

2018.8

秦秦：

针对你的情况老师建议你从以下几点来尝试改变：

1. 劳逸结合，保证足够的睡眠时间，每天学习之余要适当运动，锻炼身体。

2. 在集体生活中多与老师、同学们交流，在交流中获得学习和生活的乐趣。

3. 制订合理的学习计划，按时保质完成，学习遇到不懂的问题，多多请教周围的同学或老师。

4. 上课积极回答问题，不懂就问，保证自己上课能够全神贯注，精神上不开小差。

5. 在闲暇之余，可阅读学习一些励志故事，强大自己的内心。

6. 达成自己的学习小目标后要适当给自己一些奖励，保持对学习的热情。

7. 及时反思并总结自己在学习上出现问题的原因，并向老师或同学寻求帮助，及时解决自己遇到的各种困难。

世上无难事，只怕有心人，秦秦，你天资聪颖，行动麻利，做事很有执行力。出现这样的情况，可能只是学习方法上暂时出现了一点问题，相信在你的努力下，问题很快能得到解决，导姐期待你的改变！

自卑让大学迷茫

考完了月考，发现自己还有许多不足，在这个优秀的班级里面，有许多值得我去学习的地方。我还要更加努力，向同学们学习，并且帮助有需要的同学。

虽然已经高三了，但现在对于大学的概念还很迷茫。爸爸妈妈希望我可以去读广中医或者师范大学。作为子女，我当然不希望他们遗憾。但是，我自己还没有真正找到自己的目标。所以每次他们问起我关于大学的事情，我总是会让他们失望。我相信他们会支持我的想法，但是我对自己的成绩还不够自信。因为我的成绩经常不稳定，也还不能找到一个明确的目标，所以我觉得我还没有能力考上一个好的大学。我相信在未来努力学习的时间里，我一定可以明确一个目标，并且朝它的方向努力。

虽然考取理想大学的征途还远，但是，我们腿长啊！高三，加油！

胡若琳

2018.9

若琳：

在导姐眼中的你一直都很阳光，很优秀，很可爱。你的热心助人、勤学好问，是我最喜欢的特点之一。然而，在学习中，考试的暂时落后只能表明你在这一阶段的学习方法或学习效率还有待提高，这恰恰是你前进的动力，也是你进步的资源，而不只是你自卑的原因。所以我希望每天都看到你自信的笑容，因为自信是每个人成功的第一步，也只有自信的人才会有足够的能力去面对接下来可能遇到的各种各样的困难。尽快明确自己的行动目标：有目标的人在奔跑，没目标的人在流浪，因为不知道要去哪里；有目标的人在感恩，没目标的人在抱怨，因为觉得全世界都欠他的。只有目标明确的人才能对梦想不离不弃，在困难中自强，一直朝目标坚定地走下去吧！有梦想，有冲劲，我相信，在你有了坚定的目标，并为之奋斗的时候，在你不再迷茫自卑的时候，任何困难都会向你低头，任何障碍都会因此而消失，也祝愿你梦想早日成真！

越努力，越幸运

面临着沉重的学习压力，我看过很多考后崩溃痛哭的人，他们当中有的人沉沦失意而自甘堕落放弃，有的人却能重整旗鼓逆袭成为黑马，这主要取决于你自己想要成为哪一种人。几次考试的挫败也让我又产生了放弃的念头，可我知道，放弃很简单，但坚持很酷。

从现在开始，我还是希望自己能够把握时间，把握机会，让自己成为更优秀的人。当我以后回想起高三这段拼搏的日子，我会欣慰自己起码努力过。所有熬不过的时光，回头看其实也不过如此。高三，我要做一个执着于梦想的人。希望一年后自己拿到毕业证和录取通知书时，可以感谢自己不懈努力的高三。少年已成长，我会努力飞向蓝天的，因为越努力，越幸运，加油！

卢晓婷

2018.10

晓婷：

我跟你一样很喜欢“越努力，越幸运”这句话，在今后你努力并幸运着的道路上，导姐也想送你几个字：胸怀、希望、目标和生命。

胸怀：海纳百川，有容乃大。胸怀才是成功者的标志。

希望：无论今天发生多么糟糕的事，都不要对生活失去希望，因为我们还有明天。

目标：有目标的人睡不着，没目标的人睡不醒，因为不知道起来去干嘛！

生命：生命只有走出来的精彩，没有等待出来的辉煌！如果此时的你感到自己很辛苦，那就要更加坚定地告诉自己：容易走的都是下坡路！坚持住，因为你正在走上坡路，走过去，你就一定会有进步。

请永远记住：越努力，越幸运！

千里之行，始于足下

我立志要在高三做出改变、取得突破。很高兴我确实做到了一部分，但我还是有很多方面不足。“高三”有美好的向往，同样也伴随着残酷的现实。制订的“宏伟计划”很容易因受到干扰而大打折扣，最初的热血也不易在这无硝烟的战场上持续沸腾。成功者之所以稀少，也正因为如此。人们通常会敬佩强者，但却很少同情弱者——即使他们有一些看似“合理”的借口。对于一些人，这是人性的残酷；而对于另一些人，这是人性的魅力。“命运是失败者的借口，运气是成功者的谦辞。”我希望今后当别人谈到我的时候，我的内心不再是感到自卑，而是自豪。从未有什么高考神话，一切只是厚积薄发。Keep Fighting！

熊天宇

2018.11

天宇：

导姐被你的雄心壮志深深地感动，也很高兴你能认清成功的本质源于坚持。没错，没有谁能随随便便成功，任何人成功的背后都一定有着一份我们所不了解的坚持。从此刻起，让我们紧跟成功者的脚步，放下浮躁，放下懒惰，放下三分钟热度，放空禁不住诱惑的大脑，放开容易被无关事物吸引的眼睛，放淡什么都想聊两句的嘴巴，静下心来好好地做你该做的事，好好努力！真正努力之后，你会发现自己比想象的要优秀很多。坚持，一定是生活中强者的表现，看好你，让我们一起加油！

第二节 考试失意并不能否定你的努力

高三这一年里，我们会经历大大小小的模拟考、月考、周考等许多测试，偶尔的成绩不理想其实是常见的事。遇到这种情况，我们最重要的是要摆正心态，因为成绩退步并不代表你的努力白费，相反，成绩的退步更能促使我们冷静地去分析退步的原因，找到问题所在，以调整日后努力的方向。下面是同学们自己总结的考试失利的原因和对策，让我们一起来借鉴。

一、饮食、作息不规律

饮食不规律存在暴饮暴食和不进食两种极端现象。在日常学习生活中，用脑过度而产生的饥饿感会使一些同学暴饮暴食，给身体带来很大的负担。然而由于学习时间紧张，也有些同学选择不吃或胡乱吃东西，这也会影响身体健康。不规律的饮食容易引起学习或考试期间肚子疼、肚子胀、想吐等突发情况。高三作息不规律也就是通常我们说的“开夜车”，这一现象会导致同学们第二天上课或考试的状态不佳，学习效果大打折扣，应考能力也会下降。

面对高强度的复习和考试安排，我们必须要有良好的饮食和作息习惯，形成规律的生物钟，保持自己良好的状态，才能在考试中发挥出最佳水平。

二、心态不稳定

有些同学在考场上紧张浮躁，担心自己复习的知识没有用，担心试卷的难度，担心自己退步……其实适度的紧张感可以提高思维的活跃度，使我们更加专注于试题本身。但是，如果过度紧张则会影响考前的睡眠和应考的状态，考出来的成绩自然很难令自己满意。

如果紧张的根源是对自己实力的不自信，那么你可以问自己：我在怕什么？我是哪个地方没有复习到位呢？平常的学习中我有不留余力吗？考差了会怎么样呢？与自己的对话可以有效地平复自己的心情。考前还可以尝试深呼吸，用鼻子大口吸气，用嘴缓慢吐气，感受身体每个部位的放松；也可以在太阳穴涂抹风油精，使大脑保持清醒，等待发卷时我们还可以闭目养神以镇定心绪。

三、存在知识盲点

考试中遇到不会做的难题反映出了你还存在知识漏洞。也许你的考试退步是因为这张考卷正好考的都是你的知识盲点。那么恭喜你，你找到了属于你的漏洞，你还有很大的进步空间，而且你还有时间去填补漏洞，考试就是一个发现漏洞并不断填补不断优化的过程。

考试结束后，记得不要沉浸于难过失落之中，而是应该趁热打铁分析考卷，总结罗列出自己不会的知识点。按照知识盲点清单，翻阅资料或请教他人弄懂这些知识盲点，再做一些针对性的题目来加强训练，将盲点铲除，这样的方法可以帮助你在下次考试中少丢分。

四、偶发性意外

考场上发生的很多事情都是我们无法预料的。例如考试时工地的噪声、同学发出的噪声（擤鼻涕声、咳嗽声、叹气声，甚至是翻卷的声音）都能对你产生干扰，你不能远离，也不能改变。这时候就要考验你的专注力了，因为考场上的所有人都和你一样被干扰着。假如你能排除干扰，比别人更专注镇定，更心平气和，你的错误率就会更低，在一定程度上你已经在考试中赢了。

还有一些可以避免的失误，例如曾经发生在我们身边的事例：将答案写错题号、忘记填涂答题卡、没有写完答卷等意外，都是我们稍加注意就可以避免发生的。针对这类情况，我们应在平时做题中就规定好自己必须完成试题的时间，训练自己的做题速度和时间规划能力。只要平时训练有素，在考试中你甚至可以有剩余的时间检查填涂是否正确，顺序是否有错误，从而减少这些非智力因素的干扰。

五、不重视考试

高三这一年有很多次模拟考试，有些同学在考试退步后，会产生自我怀疑。面对自己的努力与成绩不成正比的结果，容易出现消极应考，对待考试会抱有无所谓的想法。比如考前不再认真复习，考试迟到或在考场上睡觉，这些都是不重视考试的表现。

其实我们应该将每一次无论多小的考试都当成正式的高考。将小考当作大考对待，认真备考，严格遵守考试纪律，重视每一次考前的复习。这样在大考时你平时积累的备考经验才足以给你一个满意的考试结果。

第三节 失败恰是成长的起点

学习过程中或许你也遇到过上课听不懂、作业不会做、考试考不好等挫败，但请你当宝贝一般珍惜这些挫败，因为失败恰恰是成功的起点，我们要在失败中学会成长，要在心里正视失败，学会正确处理自己受挫后的心态。

一、化失败为动力

首先我们要把失败当作成功的必经之路，坦然面对。你要知道，这些考试的失败都不算失败，这些都是你高考备考必经的历练之路。它们只是给你亮了亮红灯来提醒你：要注意了，要更加抓紧时间，不要被落下啦！它们只是让你尝了尝苦涩的味道，让你记住这种难忘的滋味，更加有动力去努力，让下一次进步的甘甜更沁人心脾。

不要逃避失败，真正的强者要学会享受失败。你要尽快消化考试成绩退步带来的消极情绪，无论多难过，第二天醒来的那一刻开始，你就要将自己的心情重新归零，继续争分夺秒，抓时间、提效率。你可以与贴心好友聊聊天，也可以在一个人的时候戴上耳机听听歌，晚自习后去逛逛操场，或是在跑步中感受自己的呼吸声和心跳声。如果累了，抬头看看城市远处的繁华夜景，无数渺小发光的窗口里有着无数和你一样的奋斗者，正在为自己的未来坚持着。如果累了，就转头看看高三教学楼里，认识或不认识的同学们，他们同样疲倦但却依旧坚持着埋头学习，你还有什么迈不过去的坎呢？还有什么理由不努力呢？

二、给自己注入强心鸡汤

不要沮丧颓废，抬起头看看，你与同学朋友们彼此支撑，互相鼓励前行。不要懒惰，不要骄傲，不要丧气，保持现在的斗志与干劲，模拟考不会击垮你。还未到高考，一切都只是模拟而已。不要否定自己，但也不要盲目自信。不要做井底之蛙，比你厉害的人数不胜数，身边优秀的人更是不计其数。别人可以这么努力，为什么你不可以？运气不会总光顾你，要取得成功，我们就要有真正的实力，而实力的增强则是要通过我们一步一个脚印踏实地去积累。请你务必谦虚一点，每天多学一个单词，多做一道题目，每天就可以多进步一点点。我们没有多余的时间拿来消遣了，目标是用来实现的，而不是挂在嘴边吹嘘的。再坚持一会儿，你一定可以！

三、感谢努力的自己

知足常乐，感恩自己的运气与努力。我们要学会理性地分析自己的成与败，感谢一切的逢时与巧合，感谢坚持不懈的自己，每一次目标都要尽力去达到并真正的达成。

感谢每一次的跌倒、痛彻、醒悟；感谢退步，敲醒自大的自己，让后面的每一步都走得踏踏实实。当你心中的期望达成，既开心又欣慰的同时，也会害怕要继续取得稳定的进步将会变得越来越难。在充满压力的环境中，总有不确定的外界因素，总是害怕自己下一次会不小心跌倒是没有用的，你要克服自身的恐惧，敢想敢做。我们要相信自己，努力之后的结果一定会给你惊喜！

第四节 打破数学的“魔咒”

数学对于高三的学生，特别是很多文科生，是非常令人害怕的一个学科。很多同学在学习数学过程中会被打击到“生无可恋”，甚至越来越相信“文科生学不好数学”“女生学不好数学”这些“魔咒”般的传言。而实际上，从我们班上的数学天才段文昊同学传授的学习经验来看，数学其实并不可怕，在这里，我们请他来帮助大家打破数学的“魔咒”。

一、学习数学的有效方法

首先是多做题。广泛的涉猎题目是备考数学的基础，各个层次的题目都有它的意义，简单的题可以训练速度与准确率，难题则能够锻炼思维能力，并见识之前没有见到过的方法技巧。并不是数学高手就可以忽略那些基础题，只是说可能其他的题目意义相对更大而已。了解题目的类型、设问、考点，是我们学习数学基础中的基础。

其次是对题目进行归纳总结。平时练习中的错题建议同学们自己进行概括总结，掌握好解题的各种套路，既能保证你基础题不失分，还能为我们解决难题奠定基础。如圆锥曲线中的点差法、立体几何中的等积求高，这些题目的做法都有着系统的步骤，按图索骥即可。需要注意的是，由于高三的复习时间有限，同学们应该根据自己的水平，进行合理的筛选：成绩中等以上的同学需要紧跟老师的步伐，同时课下可以自己补充学习一些题目，并在做题中体会同一题型的共同点及方法技巧；学的比较吃力的同学，则以课堂为主，掌握好基础题型，然后稳扎稳打，逐步提高水平。好的归纳过程可以帮助你从会一道题变成会一类题，直接解决同一类型的题目，并且这个过程还可以帮助你更好地理解命题人的思路，这样即使下次再碰到类似的难题，我们也不会束手无策。

最后是针对弱项，逐个击破。每个同学对高中数学的不同模块，不同题型的掌握水平不同，这就需要每个人针对自己的弱项，逐个攻破。例如：有的同学可能对三角函数部分掌握得较好，对圆锥曲线掌握较差，那么就需要合理安排课余时间，针对自己的弱项进行查缺补漏。

二、不同数学题型的学习方法

小题篇：

首先，数学试卷的前 10 道题，一般不会太难。需要注意的是，就算是基础题，有时候基础好的学生也会犯错，比如“共轭复数”的“坑”“实部与虚部”的“痛”。所以，我们审题时一定要审清楚。高三的一次次模拟考就是用来让我们长记性的，所以我们要重视每一次模拟考中我们所犯的错误。当然如果你把基础题刷到极致，自然就不会产生这些低级错误。只要你把坑全部踩过，不断总结反思提醒自己，自然下次也就不会再入坑。但如果你真的有经常犯粗心的毛病，每次考前，建议你按照章节，梳理一遍易错点，拿一张纸写在上面，这样可以让自己印象更深刻。这里的易错点就举几个例子，如：共轭复数、实部虚部、否命题与命题的否定、等差看成等比、切线斜率与切线方程，等等。如果考前还记不清基础公式，如正弦、余弦定理、等差、等比求和公式的同学，建议你好好巩固一下基础。我们首先要把基础抓牢，才能继续突破！

其次，后面的两个选择题，这类题也是存在着复习方向的，大部分会出函数，圆锥曲线这些贯彻数形结合一类命题思想的题目。因为这两个题目的难度比较大，大家复习的时候要注意把握轻重。

大题篇：

首先，前三道题：数列／三角、概率统计、立体几何，这三道题的分是我们必须要拿到的，答题卡上的卷面，我们应该要做到无可挑剔的程度。

其次是概率统计方面：这道题的难度可能会有加大的趋势，今年（2019）或许只是意外，概率统计如果难起来让你害怕了，也请重拾信心，继续加油吧！

最后，立体几何方面：第一问证明，第二问计算是常态，但也有一些反常的题目很值得我们注意：比如作图、求角的正弦值余弦值，这些可能是我们的盲点，需要我们自己找时间弄明白，降低丢分的概率。

三、如何考前复习

每次模拟考的前两天，我一般是这么做的：

1. 拿张纸，先过一遍易错点（简单却容易进坑的），再把一些可以快捷计算的公式写一下，比如复数的（1+i）^2=2i、1/i=-i。

2. 上网用知乎查一些有用的二级公式。

3. 选一些你比较熟的专题的二级公式抄下来。比如我熟悉函数、圆锥，我就会把圆锥曲线中焦点弦模型的一些公式抄在本子上，考前加强记忆。

四、考试技巧

合理规划使用草稿纸。高考时草稿纸是有限的，一般来说每人不超过 2 张，因此一些平常做题比较“豪放”的同学需要注意了。其实，试卷本身也可以用来做草稿纸。我平常考试时前 10 道基础题基本上都是在试卷题目附近的卷面上做草稿，只有较难的或计算量较大的题才会在“珍贵的”草稿纸上运算。草稿纸自身的规划也是有讲究的：考试刚发下来草稿纸时，我会把它做几次对折，一般一个小格子就留给一个题，有些运算量大的题则需要两格空间，总之要事先规划好草稿纸的用量，在日常做题时也应养成这样的习惯。

利用好开考前的时间。开考前会有一段时间，这段时间不能动笔，只能浏览试卷，建议在这段时间内可以先看前 5 道题，因为这些题的难度较低且计算量较小，在心算出答案后，用指甲在答案处小小划一下做个标记，可以节省一定的时间。如果前几道题的计算量较大，则可以往后翻看大题的大致难度，做一下心理准备。在这里也分享一个关于立体几何的技巧：在大型考试中，答题卡通常都是会有立体几何图的。正式开考前我们可以盯着这个图，猜测一下题目要你证明的线、面。反正图就在那里，里面就那么些信息，5 分钟的时间应该可以让你思考完能够组合成的所有可能。当发下卷子看题的时候，就算你想的和题目问的不太一样，但也为你的证明思路做了铺垫，因为你有事先想过那些平行、垂直的情况，这样就节省了宝贵的答题时间，希望这种方法对你们有用。

数学是一个充满魅力的学科，只要你用心，你就能慢慢体会到这个学科的学习乐趣，相信在你的不懈努力下，你会跟我一样爱上数学。

第五章

榜样的力量

榜样的力量是无穷的。有人曾说："播撒一种思想收获一种行为，播撒一种行为收获一种习惯，播撒一种习惯收获一种性格，播撒一种性格收获一种命运。"播撒一种榜样，我们能够时时看到奋斗的目标和参照物。榜样是一种向上的力量，是一面镜子，是一面旗帜。以榜样为旗帜，可以给我们指引方向，引导我们不断向好的方向前行和发展。榜样是一种向上的力量，具有极强的感染力，只要我们树立榜样，学习榜样，争做榜样，在班级发展和个人发展的过程中就能凝聚起强大的正能量。

第一节 不放弃就会有奇迹

大家有没有想过自己首先是自己的榜样，一个人只有做到坚守目标，在困难和挫折面前持之以恒，坚韧不拔，才能不断超越自我，实现梦想。高三这一年班上很多不放弃梦想始终坚持努力的同学让我这个班主任深深感动，反过来孩子们的奋斗精神也激励着我们老师不断优化自己的工作去帮助他们圆梦。王佳欣同学就是其中一个令大家印象深刻的同学，看似成绩平平的她总是安静地坚持着努力，像山谷中的幽兰，低调地散发着自己的芬芳，不畏风霜，努力向阳，吸收着阳光和雨露，在大地母亲身上不断坚强地成长。终于，高考后这个假期，她迎来了属于自己的春天，从她身上你可以明白一个道理：不放弃就会有奇迹。

不放弃就会有奇迹

虽然你可能羡慕我被理想大学录取了，可是我要告诉大家其实高考前在班上我只是个成绩中等偏下的普通学生。在高三的每一次考试中，我从没有上过重本线。我地理偏弱，却没有出色的学科拉回总分，这始终是我最想解决的问题。但是我有自己的学习方法，比如在高三上学期，我一遇到不懂的问题，就会利用下课时间马上去抓着老师问，但这其实也是我的缺点。因为过于依赖老师，总希望从老师口中听到答案，反而失去了自我思考的能力。所以在老师反问我一些书本中简单的问题时，大脑很多时候是空白的。老师在讲解题目的过程中经常会延伸拓展所涉及的知识，但我性子急，听到想要的答案后，就会忽略老师后面所讲的内容。没有吃透知识，当遇到同类题型时，我又开始犯难。在我又回头多次问老师时，不免会被老师批评，说我不在意那是假的，说很气馁却是真的。在老师的鼓励下我开始根据自己的问题慢慢进行调整并开始为自己制订复习计划。但我总是把自己的时间安排得满满当当，一旦当天的作业较多，计划好的任务就会一项项地往后排，以至于最后做不完，心情也会随之烦躁起来，学习的压力也随之慢慢变大。学习效率低也是我的一大缺点，因此我只能通过熬夜来延长学习时间，这就导致我第二天早上总是听不见闹钟，要靠舍友叫醒我，学习和生活的压力把我逼得紧紧的。但我从中渐渐明白，对于我来说，坚持一件事难，放弃一件事却会让学习变得更难。

在高三的这段时期，我的文综始终赶不上别人，我也为此伤心了很久。地理选择题总共也才 11 道，我错过最多的一次就有 9 道，而错四五道也是经常的事。高考近在眼前，每天晚上熬夜比我久，早上到教室也比我早的人大有人在，有时候早上 6:20 到学校，高一、高二的教学楼都有班级亮着灯，我一个高三的学生又怎么好意思偷懒。冷静分析自己的文综成绩存在的问题，发现主要问题就是审题不清，因此我尝试平时答题前向已经完成的同学询问她们理解题目的意思是否跟我思考的一致，同时也会拿以前做过的题目向老师讲自己的理解及答案，慢慢地我有了进步，高考近在眼前，虽然我成绩还是不够理想，但我坚信一分耕耘必定有一分收获。

在我看来，多个人一起讨论学习是有趣的，大家能根据自己的理解相互讨论，甚至驳回对方的观点，能和同学一起讨论错题，能在困的时候和同学争夺教室后摆放的几张高桌子以便站着听课，这也是我不曾想过放弃梦想的原因。当我成绩退步时，导姐（班主任）贴心地安慰我，给我提供实用的建议，免费为我提供学习资料。印象最深的是有一次课间她不经意间表扬我选择题进步很大，这成了我学地理最大的动力，同时对地理的兴趣也渐渐提高。

学习之路曲折而坎坷，在第一次深圳模拟考试中我的英语成绩和平时相比直降 30 分，内心顿时受到不小的打击。拿到英语成绩各部分的分数时，我马上分析找出问题，知道是阅读和完型填空的扣分太多后，感觉压力又增大了很多，我的弱科不少，每天要写的作业很多，针对弱科要刷的题也已经不少了，而英语阅读和完型填空又刚好是在英语中占时最多的两个部分，但我知道只有不断坚持努力我才能进步。为了提高掉落的英语成绩，我将在做题中常看见的、老师讲到的生词，背过又经常忘的单词记录在小本子上，利用回家等马路绿灯、坐公交、等电梯之类的碎片时间反复背诵。然而在后面的一次月考中，我的英语成绩还是没上去，我为此哭过，但我好胜心强，不想认输。一次两次不行，我就坚持三次四次，谁又能说高考不会发挥出我的正常实力呢？在不断地练习下，我平时的套题成绩渐渐往上提，在深圳二模时也终于突破瓶颈，成绩甚至比掉落前更好。这也很好地印证了“不积跬步，无以至千里。不积小流，无以成江海”的名言。

除此之外，为了能够有针对性地学习和及时解疑，我还会看课表，根据每个老师不同的晚自习时间，在前一天刷题并查找出自己的知识盲点以便第二天晚修的时候去请教科任老师。俗话“说只要功夫深，铁杵磨成针。”在一步步地坚持与努力下，我跨过了以前可望而不可即的重本线，考上了理想的大学。

不要看轻自己，不要失去信心，只要坚持不懈，终有回报，有志者事竟成！

王佳欣

2019 年 7 月

第二节 我们如何经营优秀小组的学习

作为班级的优秀小组代表，在这里我们想跟大家分享一些实用的小组学习方法，相信小组合作的力量会远远超过你闭门造车的个人力量，让你个人取得更可喜的进步。

首先，小组每一个同学要和组长认真讨论小组的奋斗目标，形成共识，以便共同努力。作为组长，最重要的是让组员们对这个小组产生认同感和归属感，这样才能促使大家在日常学习中相互帮助、共同学习。我们可以从很多生活和学习的细节中培养大家的归属感，例如课间小组内同学们一起分享小零食，在上课犯困时及时相互提醒，下课后互相帮忙打个水，这些小小的互助行为都能够营造出组内的温馨氛围。

其次，在小组内更要营造的是相互帮助、共同进步的学习氛围，建议大家在组内利用各人的优势学科，进行分工负责，带头辅导全组同学的学科学习。

最后再跟大家分享一些我们小组执行后认为有效的学习技巧：

1. 列出每天的学习任务清单，请小组成员相互监督完成。

2. 每天下课后，小组成员相互讲解今天学习的难点，教学相长。

3. 每天晚修结束后组长监督和检查组员的作业完成情况，催促学习效率较低的同学及时完成任务。

4. 针对小组大部分组员薄弱学科的疑难问题，每周我们会在固定时间和地点以自测、互测、互问、共同解答等形式进行集体复习。

5. 遇到整个小组都不能解答的问题我们会一起去请教老师或者请教其他小组的同学。

6. 平时遇到好的文章或复习资料、课外书等我们会在组内进行分享。

7. 每周轮流由一位组员向全组成员分享一周内发生的时事要闻，让大家及时了解国内外的时事动态。

8. 组内共同背单词，组织听写并及时订正。

9. 历史政治学科打卡背书，不过关者将受到组内“惩罚”。

10. 每周日下午三点组长会在微信群上检查组员的周末作业，没按时完成作业的组员须在小组微信群里发个小红包以作提醒。

11. 在考场上，时间就是生命。所以平时一个小组的成员可以一起限时完成一套题目，这样可以训练我们的答题速度，以应对实际考试时间不够用的情况。

12. 英语听说训练过程中，组员们平日生活中也可以在组内用英语交流、对话，这不仅能在他人的帮助下找出自己的错误，还能培养我们流利地进行英文对话的信心。

第三节 向班集体外优秀的榜样学习

榜样的力量是无穷的，它使同学们保持强大的内驱力，并使他们在竞争中学到许许多多做人做事的方法和道理。利用主题班会，我们先后学习了《刘媛媛的三次逆袭》《丑帅林永健：给我阳光我就灿烂》《清华姐妹花的学习之道》等优秀个人的励志精神和学习方法，我们也学习了来自北京、广东、湖北等各省市名校学生的优秀做法，不管是学习还是工作，我们不妨组织同学们一起来总结获得成功的榜样人物的优秀特质是什么。

一、坚持不懈

优秀的人做事从来不去想是否能够成功，既然选择了远方，就义无反顾，风雨兼程，相信一切付出都会有回报。

二、不忘初心

为了自己的奋斗目标，不管发生什么意外，要成功都需要不忘初心，坚定目标，坚持努力不松懈，始终如一。

三、拼搏无悔

成功的人永远不说已经尽力了，为了自己的目标拒绝任何的诱惑。没有被汗水洗礼过的青春是不圆满的，没有燃烧过激情的人生是饱含缺憾的。

四、居安思危

优秀的人总能居安思危，时刻保持危机感，他们会时刻了解自己的对手在干什么，与对手的差距时刻逼迫自己保持紧张，凭着一股不服输的劲，成就自己，也成就对方，实现双赢。

五、珍惜时间

成功的人往往有较好的时间规划能力，能做到珍惜时间。例如在学习上，他们的假期不是用来休息的，而是用来在学习上反超他人的，利用假期，他们会针对自己的薄弱之处，查缺补漏，这就是所谓的弯道超车。

六、办事高效

优秀的人办事效率高，他们善于在自己过去的成败中总结经验或者吸取教训，不断改进做事的方法，以争取更高的时效。例如他们会有严格的学习、锻炼和休息计划，永远都会让自己清楚地知道下一秒自己需要去做什么。

七、独立思考

优秀的人总能保持独立思考，遇事有自己的处理方法和办事风格，不盲目跟风，不被动接受别人的思想，注重对事情的回顾和思考，注重自己对知识的消化和吸收。

第四节 学习的榜样可以在方方面面

高三（11）班是一个藏龙卧虎的班集体，如果你认为卓越班的学生就只会学习、只顾学习，那你就错了！在这里我们不仅可以看到刻苦学习，成绩斐然的学霸，也可以看到方方面面都有值得大家学习的榜样人物，不能一一列举，只能从某一方面找某一个代表简单进行归纳。

一、尽职尽责的好班干

作为 11 班的灵魂人物，卢晓婷这个尽职尽责的班长，她总是让我们很放心。在班级建设中的她，总是起着先锋模范作用。11 班学生之所以能够更加专心地投入学习，也是因为她在管理班级各项事务中的高效率和尽职尽责的做事风格、做事态度。她总是勇于探索、敢于创新，在我们最需要帮助的时候挺身而出，为班级服务。课堂里，她积极回答老师问题，努力活跃班级上课气氛；课后，和同学们一起开玩笑，甚至抛弃了淑女形象，成了女汉子。但是她还是我们十分敬佩的班干榜样。卢晓婷班长这种对班级事务热情细心，对班务一丝不苟的精神，是我们 11 班的精神财富，也是我们的灵魂支柱，是我们应该学习的榜样。

二、乐观向上的小可爱

小小的她，每天为我们带来极大的欢乐。或许在大家眼中，高三的每天都是比较枯燥沉闷的。但是，在 11 班的同学心中，高三的每一天，都是值得我们去留恋的。这当然离不开我们乐观向上的班级小可爱 —— 孙巧冰同学。有时候我们会因为上课一遍又一遍地重复巩固已学知识而乏味，每当这时巧冰就会和老师一起配合开开玩笑，活跃一下课堂气氛，让我们重新投入到学习中来。她每次看似被玩笑气得“面红耳赤”，甚至扬言要冲过来揍我们，实则，在生活上、学习上她对别人的关心一点也不少。这个乐观向上的小女孩，每次都以她独特的方式，唤醒我们继续奋斗的心，让我们不断前进。正是因为她，我们对 11 班的回忆里，总是会有不一样的色彩。

三、热爱模仿的大才女

说到榜样，少不了的就是她 —— 杨晓蝶。在 11 班，她最大的乐趣就是模仿老师。我们班的每个老师都各有各的特色，而晓蝶，这个热爱模仿的大才女自然是班里最活跃的模仿达人。正是因为她生动的模仿，让我们对老师的观察更加仔细，也会让我们上课更加专注，上课的效率更高。而下课后，她也会及时找老师问问题。虽然她下课嘻嘻哈哈耍宝，为班级带来不少欢乐，但学习起来，认真的她，却有着不一样的魅力。每次看到她认真学习的那股劲，我们也忍不住想要模仿她，和她共进退，一起为 11 班创造辉煌。习惯模仿的人，总是能找到被模仿人的关键特征，这离不开他们的细心观察，晓蝶这过人的观察能力也是我们学习的榜样。

四、热心助人的阳光少年

作为我们班的另一位班长，虽然有时候“儒雅”的他风头会被“灵魂人物”给压下去。但是他独特的人格魅力还是让我们忍不住喜欢，这就是热心助人的阳光少年：夏嘉峰。感觉他像身兼数职的职场能手，明明身为班长，却又是一名语文科代表；明明工作已经够繁琐了，下课他又摇身一变成了一名劳动委员，甚至有时候还客串一下电教委员。他脑子里总有着各种奇思妙想，很多题目经过他的钻研，都会有更加简便的解法，然后他会认真教我们；就这样，他用他热情又细致的心，照顾着班里的每一个人，让 11 班成为一个更加有凝聚力的班级。

五、耐心讲解的小老师

作为老师最放心的其中一个学生，段文昊在学习上总是会力所能及地帮助我们，给我们讲解题目，帮助我们更好地理解题意，甚至无私地分享自己的学习技巧。他总是自己努力钻研数学题目，然后用简单明了的方法给我们讲解，是班里名副其实的“学霸”。他的耐心讲解也让我们对他充满了敬佩。尽管高三的学习任务繁重，他还是会在课余时间与老师交流自己钻研题目的心得，也会在课堂上提出自己的想法，甚至纠正老师的一些“口误”。他耐心又认真的态度，赢得了很多同学的好感。他既是老师上课的好搭档，也是我们学习的好榜样。

六、多才多艺的大男孩

虽然瞿英奇是我们班上个子最高大的一个，但是，他内心的文艺气息也和他的身高成正比。他善良热情、博览群书，被称为“文学大王子”，每次同学们在文学方面有问题时，他都能正确回答。他积极阳光、热爱运动，我们经常能够看到他在球场上挥洒汗水，绽放青春。他坚毅顽强，有原则有毅力，经常可以看见他为班级搬水、抬箱子，为班级建设做贡献。他兴趣广泛、多才多艺，大家经常能够在班级看见他抱着心爱的吉他，为大家弹奏歌曲，解压解闷。他是我们在学习生活中的榜样，让我们更加明白了青春的意义。

七、运动场上的帅健将

敦厚的笑容、洁白的牙齿、健康的肤色和强健的体魄，是我们对他一直以来的印象。谢新航既是我们高三战场上一起奋斗的好搭档，也是我们运动场上的好选手。运动场上的他，跑得快，球技精；只要与运动有关的项目，运动场上总是少不了他的身影，我们经常可以看到他生龙活虎、挥汗如雨地驰骋在运动场上。生活中的他，也有着不一样的色彩。他乐于助人，热心帮助同学，浑身充满正能量的他，总是让我们感到很放心，和他一起学习心情都能更加愉悦。运动场上的帅健将，也是我们生活中的好伙伴，和他一起度过的高三，总有一抹不一样的色彩。

第六章

充实有趣的高三生活

都说“不苦不累，高三无味”，其实除了苦累的学习，我们的高三、我们的班级在平日的生活中还充满了许多甜蜜难忘的回忆，这里有师生情，有同窗情，有令人捧腹大笑的故事，也有羞涩难掩的尴尬，但每一段回忆的背后都是我们真挚情感的体现。高中时光短暂，除了学习，我们也在用心过好每一天的生活。只有这样，同学们的这段青春岁月才会不留遗憾；只有这样，多年以后当你回想起自己的高中生活时才会依然回味无穷。这一美好的回忆也会不断滋润着自己，并支持着自己走向更美好的生活。

第一节 难忘的班级趣事

在我们高三艰苦奋斗的这一年，11 班的每一个人凝聚成强大的力量。每一个人，都是 11 班的骄傲，是 11 班永远的一分子。“聚是一团火，散是满天星，”我们 11 班的同学，即使毕业了，也留下了一个个值得回味的故事。

班级的姓名故事

我们的友谊怎么迅速地建立起来的呢，记得当时班上有两位颇具奇思妙想的同学，喜欢用班上同学的名字编成属于 11 班的小故事并广为流传，这一下子，班级同学就相互记住了彼此的名字，让我们来感受一下其中的一个姓名故事。

有一天，赖阿姨（赖琛怡）在路上走着走着，看见一个叫伟的小孩摔倒了，她赶紧上前去关心伟（官鑫伟），伟对她说：“don’t 烦”（邓藩），然后就跑向了对面的森林——胡若林（胡若琳）、丁楚林（丁楚霖）、郑浩林（郑浩霖），这三片林里种的全部都是张芷槐（张芷槐）树和周亚楠（周亚楠）木。这时候又刮来一阵夏嘉风（夏嘉锋），竟把她头上的杨恩红（杨恩泓）色的郑林帽（郑林茂）吹走了！视线跟随着飘走，看到一只杨晓蝶（杨晓蝶）和一只陈培鹰（陈培茵）在相互打闹，旁边还有郑林羊（郑林阳）在奔跑。很快下起了熊天雨（熊天宇）、曾诗雨（曾诗宇），直到傍晚才放王思晴（王思晴），赖阿姨也溜着孙巧冰（孙巧冰）回到了蔡艾家（蔡艾佳），当她喝着罗梓纯（罗梓淳）牛奶的时候，天空也渐渐黑了，夜空中露出了明亮的王月（王玥）和闪耀的莫泳星（莫泳欣）、王紫星（王紫昕）、王佳星（王佳欣）和樊楚星（樊楚欣），照亮了整片陈韵泽（陈韵泽），上面还泛起汹涌的陈钦涛（陈钦涛）……这一切太奇妙了……之后她还会遇到什么呢?

专属的课间活动

高三下学期，班内特别喜欢打乒乓球的一些男生在教室外的一大块空地上找了一角，搬来两张多余的桌子，以中间的缝隙为界展开了激烈的比赛。同时，课间空地上放松踢毽子的人也不少，于是两边穿插着交换人员，欢笑声此起彼伏。有时，老师也加进来，因为是在四楼，大家都等着看是哪个“倒霉鬼”要跑去一楼捡飞出去的毽子。氛围融洽愉悦，同学们紧绷的神经也得到了放松。

教室“恶”趣味

班内的同学相处融洽，每个老师也都与同学们很亲近，如同好朋友一般相处。也正因为这样的关系，班里的同学不免会动一些小心思跟老师开开玩笑，而可爱的莉姐（历史老师）总是最容易中招的那个。因为班里的同学喜欢踢毽子，教室内自然也少不了用它来吓唬老师。看好了老师的课表，上课前迅速把同学都招呼进班，在老师来之前把前门轻掩上，把毽子斜靠在墙壁与门间上。上课铃响起，大家都把目光投向前门，老师推门进来，只听啪嚓一声，毽子掉了，被我们吓到的老师和同学们一起笑了，而制造恶作剧的“罪魁祸首”也总是被老师叫到黑板前做题……

暖暖的寒假

虽说放了寒假，但我们班大部分同学还是自觉返校复习，班主任导姐也每天陪伴着我们。一日清晨，一个小小的“阴谋”在暗中进行。班内一人激动又轻声地喊着：导姐来了，导姐来了。于是有人关灯，有人蹲下，有人躲在门后，就在我们憋着笑想吓唬老师的时候，导姐却从旁边打开了窗户，探进脑袋，笑着问我们：“你们想干什么？”，“阴谋”没有得逞，我们都不约而同地笑了，在那欢笑声中拉进了我们师生的距离，也成了寒假辛苦复习中暖暖的回忆。

“书香四溢”醒瞌睡

在高三紧张复习中，我们每天不断地刷着各种套题。最敌不过的还是那套高考英语卷，不是它的题目特别难，而是它的“书香”（刺鼻的油墨味道）让人十分难忘，一闻就会让人瞬间清醒过来。在应哥（语文老师）的提醒下，大家在高考前一个月调整作息。不能在课堂考试时间睡觉，便有了谁在考试时间睡觉就用刚才提到的英语套卷去熏醒他的事。一群人拿着“芬芳”的书本“招呼”一个在错的时间点犯瞌睡的同学，往往“围攻”还没开始，主角已经精神抖擞，可想而知我们这“书香”的威力。

多彩的地理课

学校会给每个班级配备几个高桌子，以便上课想睡觉的同学到教室后面站着听课，没抢到高桌子的同学也会自觉在教室后面找一处容身。特别是班主任的地理课，大家都不敢造次，教室后面站着听课的人格外多，有的时候半个班的同学都挤在后面。有些同学在队伍里会不自觉地乱动无意中却也带来欢乐，仿佛大家在后面挤着学习很快就能消除学习的疲惫感，听起课来也格外放松。

“明星”老师

还记得最后一节课，不知是谁最先带头向老师要签名并写一个自己心中满意的分数作为祝福，班上几乎所有人都蜂拥而上向老师们“索要”分数和亲笔签名。每一位科任老师的身边都排起了长长的队伍。这时我们的老师就像被粉丝排队要签名的明星一般，虽然签名签到手都酸了，但老师们还是乐在其中，因为这是对我们高考前的鼓励、期望和祝福。看着老师们潇洒飘逸的字，大家对高考也都更有信心了。这沉甸甸的师生情，真诚而难忘。

第二节 融洽的宿舍生活

虽然在生活中离开了父母的细心关爱，却也使高中选择住校的学生比别人更早适应集体生活，更早锻炼自己的独立能力。很多学生都把宿舍看成是自己温暖的家，是可以停靠的港湾，是一个可以放松的地方。有了高三充实的奋斗生活，相信在宿舍里大家更是紧紧地团结在一起互相支持，互相鼓励。推开女生宿舍大门，让我们一起感受同学们难忘的住校生活。

属于我们的 611

住校生的高中生活就是宿舍、教室两点一线。除了我们奋战的场地教室之外，待得最久的地方就是宿舍了。说起我们的宿舍生活，那真的是精彩纷呈。就像别人说的那样，我摊上了一群“神仙舍友”。我们能一起玩，也能一起学习。这帮人倒是真让我懂得了什么叫“静若处子，动若脱兔”。每一个人的身体里都像是藏了一个压抑了许久的兔子。说到这里，我回想起了许多发生在我们 611 宿舍的有趣画面。

每个宿舍都有几个活泼的舍友，也会有几个内敛的舍友。

我还记得有那么一个可爱的小舍友，曾经很自卑，于是我们用“宿舍公告”的方式，让她自信，不要自卑，要快乐起来。有人生病了，其他的人都会帮忙请假和照顾她，并帮她记录笔记。有人考试不顺利了，就会有人拉那个失利的小同学进行心理辅导。考上理想的大学，是我们宿舍共同的目标。还记得有那么几周，宿舍里的镜子旁边、厕所周围、洗漱台上方，都有那么几张用端正衡水体抄写的英文单词。有时候有人在上厕所的时候，厕所外面的舍友就会让她一边蹲坑一边在厕所墙上的地图上找出一个国家、一个气候区，或一座有名的山峰、一个最深的湖泊，等等。在我们宿舍也常常能看到突然对着门发呆的朋友，可别误会，她是对着门后的地图在脑中复习某个地方的区域特征。还有一段时间，我们会在宿舍熄灯后开始回忆白天的课程，“卧谈会”交流中一听到自己遗漏的复习重点就会自己默默记下，开个小灯翻找一番复习资料，学习氛围甚是融洽。还有更让大家感到舒服的就是在学习奋战的时候，我们从来不会眼红对方的成绩，更不会奚落对方开夜车偷学。看着对方付出努力并得到相应的成绩，作为舍友，我们是既开心又骄傲，而舍友的进步也不断勉励自己持续向前。不嫉妒，不懈怠，不死板，这就是我们在宿舍的常态。有道是，“三人行，则必有我师”，是的，抱着相互学习的态度，我们能从舍友身上学习到很多知识。例如在学习上如何合理安排学习时间、在生活上如何管理自己的财务等等。

过生日是我们班的传统，也是我们宿舍的传统。在每一个人迈向 18 岁的那一天，我们都会给过生日的她一些惊喜，这也给我们增添了很多宿舍生活的乐趣。忆起我们在给“仝姐”过生日的时候，那是一个奋斗的夜晚，晚自习下课后，在她洗澡的十几分钟，我们已经准备好了惊喜。当夜晚十二点的脚步越来越近时，我们拿起电子蜡烛对她唱着生日快乐歌，零点的钟声也刚好敲响。在微弱烛光下，相信她也感受到了来自宿舍的温暖。学校的611办公室是心理咨询室，我们也常说宿舍里的611也是心理咨询室，是解决我们内心的疑难杂症、释放内心压力的咨询室。对于承载着沉重高考压力的我们来说，宿舍的温暖尤为重要。

对于高考，我们每一个人都是懵懂的。可是，宿舍生活给我们创造了一个和别人一同前行的空间，给了我们家的感觉，也给我们营造了共同奋斗、共同学习的氛围。难忘这一年在611宿舍生活中发生的点点滴滴，这些都将成为珍藏在我们内心最宝贵的回忆。

611宿舍全体舍友

2019年6月

第三节 当爱情来敲门

有人说，青春期的爱恋就像是一朵带刺的玫瑰，我们常常被他们的芬芳所吸引，然而一旦情不自禁地触摸，却常常就被无情地刺伤。一提“恋爱”，很多同学、家长、老师都“谈恋色变”，尤其在高三，如果被班主任发现你有恋爱的苗头，势必如临大敌，以“早恋”的名号对你进行劈头盖脸的说教，但处理的结果往往弄巧成拙。其实，处于花季中的少男少女的情感开始萌发，对爱恋有着一种朦胧的感觉是一种很正常的事情。当爱情真的来敲门的时候，请不要慌乱，不要冲动，只要我们学会冷静下来处理，它没有你想象中那么可怕。作为班主任，也是同学们的知心姐姐，如果班级同学有恋爱现象又该如何面对呢？通融共识，于情于理，循循善诱，正确引导是我的处理原则。在主题班会上，通过几个活动环节，体现我的处理方法。

1. 活动设计：班主任发言——班主任表达对高中生恋爱的看法；活动的目的：从心理和生理角度出发，引导同学们正视高中阶段对异性产生爱恋的感觉，不躲藏，不逃避，不过分压抑。

2. 活动设计：朗读与畅谈——在音乐背景下全班朗读关

于爱情的诗篇《致橡树》，并结合文章和生活大家畅谈自己心中完美的异性应该具有什么特质？什么是爱情？它跟友谊有什么区别？活动目的：让同学们敞开心扉谈谈内心对爱情和友谊的认识。

3. 活动设计：辩论与总结——观看关于早恋给中学生带来的各种危害的视频，随后让大家辩论中学生谈恋爱到底利大还是弊大？为什么学校和社会都不提倡中学生谈恋爱？活动目的：让同学们对恋爱的影响有客观、全面的认识。

4. 活动设计：情境模拟与点评——学生通过表演模拟家长、老师对学生恋爱后的各种处理方法，并让学生现场点评每种处理方法。活动目的：与学生达成共识，探讨出老师、家长处理早恋的最佳方法。

5. 活动设计：班主任的建议——班主任指导学生学会如何把握在交往过程中与异性的相处方式。如何对待早来的爱情？活动目的：为同学们提供一些在人际交往中正确处理个人情感问题的参考方法。

下面，关于如何处理恋爱问题，我们就邀请班上一位能成功处理自己情感问题的同学来谈谈她的小故事。

用距离产生美

各位师弟师妹：

你们好！高考已经落幕，我从师妹变成了师姐，作为一个准大学生，受班主任导姐之托，我想借自己的经历和大家谈谈关于校园恋爱那点事儿。

到了一定年龄，遇见怦然心动的人，萌生想要恋爱的心情，是每个人都具备的天然本性，相信大家或多或少都曾有过这种感受。但是当这种情愫来临时，我们往往会有些许的迷茫。

我很感谢高中遇到了“他”，虽然后来我们彼此选择了放下，但是他给我留下的收获，却不是一个恋爱对象，而是一个哥哥一样给我带来的帮助，在和他相遇前，我对自己的高中生活还是一个迷茫的状态，面对新的环境我不知道自己该怎么做，没有一个明确的发展目标。而与优秀的他来往后，他让我明白了自己未来的奋斗目标，让我明白为了实现目标又该怎样一步步地付出。不要误会我们的来往是“花前月下”，我们最亲密的来往也就是在校园里一起看书写作业，相互讨论问题，我们彼此遵守校规校纪，没有任何违规的亲密之举。在学习中我们互相帮助，互相鼓励，与其说我们足够冷静不像恋爱，更不如说我们能清醒认识自己目前所处的阶段和主要任务，我们也从班主任和家长那里得到过许多帮助，是他们告诉我们真正的爱情是对彼此负责，真正的爱情值得守候，我们保持距离，不是放弃爱情，而是暂时地放下，因为我们希望一年后能得到真正的爱情，而不是一时冲动换来一辈子的惩罚和悔恨，高中不成熟的恋爱只会亵渎了神圣而又美好的爱情。现在，我要告诉你们，经过高三努力的奋斗，我和“他”都考上了自己理想的大学，我们在祝福声中真正恋爱了，现在当我们坐下来拉着手一起回忆“用距离产生美”的高中那三年，彼此会心地相视而笑，感谢自己在恋爱来临时作出正确的选择。

确实，当青春萌动来临的时候我们会有各种冲动，所以我们需要自控。当你很难自控的时候，首先建议大家要学会与自己对话，客观分析下事情发生的原因和后果，自己是否愿意，是否能够承担所发生的一切不良后果，分清孰轻孰重；其次是要让自己充实起来，为自己每天的学习列好计划，当你忙碌起来的时候，你就不会总在感情的阴霾中走不出来；最后建议师弟师妹们多找找朋友、父母或老师进行沟通，寻求帮助。在学习上、感情上我们起起伏伏难免会遇到很多低谷，要如何走出低谷，看清前方的路，这时作为过来人且深爱我们的父母或师长的意见与建议，我们都应该好好听一听。

对于早恋，百科上写着："早恋一词带有长辈一方的否定性感情色彩，并且在中国被广泛使用。"在中国人情社会中，早恋似乎是一件可怕的事情，一件羞于告诉家人的事情。各位师弟师妹，其实恋爱的感觉并不可耻，当恋爱来敲门的时候也不一定都是祸害，我们只要正视自己的感情，学会正确地处理和对待，它恰恰可以成为帮助我们成长的人生经历。

第四节 班主任跟家长的别样沟通

作为大家的知心姐姐，班主任经常以书信的方式跟同学们沟通，可同学们没想到，我还给家长写信，谈的也不是学习问题，而是生活中父母与子女的沟通问题。

处在青春叛逆期的孩子，家庭沟通是相当重要的，然而很多忙于工作的家长可能没有关注过与孩子沟通的方式方法，也没有关注到处在高三压力下孩子的心理变化，家庭沟通越来越困难。在与同学们的交流中我经常听到同学们在与家长沟通上的烦恼，也了解同学们内心对父母理解的渴望，内心萌生了指导家长如何与孩子有效沟通的想法，并征求了同学们对家长做法的意见和建议，通过如下书信的形式，我与全体家长进行了一次关于沟通问题的对话。据班级同学反馈，收到来信的家长通过阅读后纷纷做出改善家庭沟通的举措，许多家长也通过微信群或者来电与我进一步交流关于子女沟通的具体做法。

家长与孩子的高效沟通方法建议

亲爱的家长：

您好！在对孩子的教育工作中，我们经常会因为孩子的错误火冒三丈，在交谈中失去理智，甚至简单粗暴处理问题，这让处于青春期的孩子跟我们的沟通越来越少。如何利用好的方法有效地说服孩子呢，下面我罗列几个我常用的办法跟大家交流，希望对你们有所帮助，也感谢你们在百忙之中抽时间阅读。

一、将心比心

开口之前就明白孩子需要什么，什么样的话最能打动孩子，对症下药，知己知彼。站在对方角度思考和交谈，做到事半功倍。

二、适时沉默

懂得适时沉默是一种智慧的力量。用沉默给孩子提醒，用沉默让孩子接受和反思。适时沉默有的时候会让家长和孩子更有空间，会让父母和孩子之间更有充沛的感情流动。

三、旁敲侧击

说服孩子尽量不要用强势的训斥，例如直截了当地告诉对方："你应该……"为了避免孩子的过度反应，说服可以是一种提醒，用旁敲侧击的方式来使孩子醒悟。因为很多"不听劝"的孩子，对你的劝说会直接关闭心扉，充耳不闻。如果运用旁敲侧击的方式，孩子们最终会认真地听完我们的话，并且在别人的故事中让孩子参与评判和分析就是很好的旁敲侧击的教育过程。

例如：对于一些学习懒散的男生，我就给他们讲励志故事，让他听完故事之后讲讲得到的启发，然后问他们在对照之下，自己应该努力改变的方向和方法是什么……旁敲侧击既可以做到不伤害孩子，也能有效地保护父母与孩子之间的感情。

四、巧用提问

在说服孩子时，要考虑孩子的自尊心。我们巧用提问，抛出好的问题往往比命令孩子会更为有效，只要善用问问题的技巧，就可以得心应手地说服孩子。其实，提问是在某种程度上让孩子自己说服自己。要想让孩子接受就必须把话说到他们的心坎上。提问这种方式可以把话题直接置于我们这一边，比如我们在跟孩子争论某件事情，一直在僵持中时，我们就可以跳出这个议题，提出其他的问题，让对方来回答问题，这样就能很好地把对方拉入我们的节奏中。

举个例子：面对孩子成绩退步这一件事，我们在批评孩子的时候如果采用提问的方式看看效果是不是会更好一些。

如问："孩子，如果成绩进步而不是退步你是不是会更开心呢？""如果你在学习中始终坚持努力，考上了理想的目标大学，并用能力交到了人生的挚友的场景你向往吗？""如果你的好朋友都考上了理想的大学，而你没考上你会开心吗？"……

巧妙的提问让孩子回答后再进一步展开论述，你在不知不觉中就掌握了谈话的主动权，也让孩子在不知不觉中被说服。

五、三明治式批评

如何让孩子不怨恨家长，并且更能听得进去我们的批评，建议多使用简单好用的三明治式批评方法。所谓的三明治式批评就是在批评之前和之后都要表扬孩子，把批评的谈话内容放在中间。

例如：对于爱迟到的孩子，我们可以欲抑先扬，先称赞对方做事有担当、有责任心等优点，再提出对方最近在守时方面需要改进的地方，最后根据孩子的品质和潜力告诉他或她一定能够克服各种困难，做到遵守规定，惜时守时。

六、角色定位

我们在批评孩子的时候，可以利用角色定位的方法，首先给孩子定位在一个较高的正能量代表的角色之中。谈话中孩子感受到自己的角色充满了老师、家长的信任，充满了他人的崇拜，自然在内心不想辜负这一角色，从而促进自己的反思、并约束和规范自己的行为。

例如：我们在交谈之中对孩子说："宝贝你是我们全家读书最棒的，我们才……"

"连那么懂事的你也……？"这种批评方式能够让孩子感觉到爸妈的信任，冲淡了被批评的苦涩，使他们更易于接受批评，避免冲突。这也是一种能让孩子更好地接受批评的办法。

高情商的说服办法很多，只要我们心里始终装着"如何让孩子更好地接受，如何更有效地解决问题"的原则，然后用心去发现和尝试，就会在实践中积累出许多有效有用的办法。让我们一起努力，共同走进孩子们的心灵世界，去理解他们，帮助他们！

再次感谢你的耐心阅读。

班主任：刘导

2018.9.17

第七章

心灵解忧铺

面对着繁重的学习任务和较大的升学压力，同学们或多或少都有着这样那样的心理问题。当心理问题出现时，同学们不要慌张，也不要无限放大，对于再正常不过的心理问题，我们要把它们看作是自己在具体情境下正常的心理反应现象来对待，而不要误读自己的表现，甚至有些同学一旦出现心理问题就开始草木皆兵，严阵以待，这种过激的做法反而会把自己的心理问题逼成了心理疾病。其实，很多心理问题只是人在特定环境下短暂的心理反应，就像人得了感冒一般，通过自己免疫力的提高是可以自愈的，下面就列举一些我们在高三或者其他求学阶段容易出现的心理问题并给大家一些处理方法上的建议。

第一节 自卑：使人不自信的心灵黑洞

身材或长相不佳，成绩不行，家庭条件不好，缺乏关爱等都是我们高中生产生自卑的原因。尤其在高三，历经了多次测试的洗刷，心理的防线受到一次次的冲击，对于本身心理比较脆弱的同学，在失败面前就容易否定自己，逃避竞争，且习惯于贬低自己，害怕失败最后反倒让自己不停地失败。如何矫正这种自卑的心态，走出死循环，不妨从以下三方面试试看。

一、确信心理的力量，拥有能自我克服自卑心理的信心

发现开始不自信的你，不妨放下手中的课本，想想自己的优点并与朋友、老师或家人进行分享，回忆因自己努力而成功了的事，或合理想象将要取得的成功，想想你曾经不是也做得很好吗，不也成功过吗？说明你还能做得更好，以此激发自信心。

请相信其实你可以很优秀。不管学习还是生活，快乐、幸福、自信都是人的一种态度和看法，人的精神状态对人的身体和心理方面都有很大的影响。明白了这一点，同学们就会在主观意识上保持乐观，就会意识到保持良好的心理状态很重要，从而产生自我克服自卑心理的强大信心。

二、明白多角度思考问题的作用巨大，学会客观地认识自我

凡事都有两面性，而事实证明事情发生时，越往好的方面想，越有利于解决问题。反之，事事往坏处想的悲观主义者，他们对事情不好的一面感受特别强烈，心志也容易动摇，这往往就会造成错误的决定，并将事情推向更糟糕的境地。例如面对成绩暂时落后时，有些同学自卑地放弃听课，放弃努力，而有些同学恰恰能保持乐观的心态，迅速从考试失败的负面情绪中走出来，通过失利之处看到进步的机会，把这次失败当作宝贵的资源进行客观的反思和改进。

三、正确分析自己面临的客观实际，掌握自我调节的基本方法

面对让自己不自信甚至产生自卑心理的事件，我们首先要对自己面临的实际情况进行客观的分析，充分分析自己曾经失败或成功的原因，充分认识自己的能力和问题，制定切合实际的目标，并根据实际操作情况的变化，不断调节自己的方向和方法。操作过程中，再遇失败，切忌盲目自卑，可将情绪或心理状态倾诉给周围的同学或亲人，在倾诉中缓解自卑情绪，并多听取别人的意见和建议，在不断改进中寻找自信。

四、从平时做起，用具体的行动建立自信

与人交谈时展颜微笑，睁大眼睛，正视别人说话，自信表现个人魅力；当自卑时多运用心理语言暗示，如“别人能成功，我为什么不能呢？我曾经也取得过啊”来增强自己改变现状的信心；以勤补拙、扬长避短，每个人都有缺陷，因此不要拿自己的短处与别人的长处作比较。正视自己的缺陷，并以最大的决心和顽强的毅力去改进这些缺陷；积极参与学校各类活动，增进与同学、老师之间的融洽关系，培养自己的活泼开朗的性格。

第二节 焦虑：失去奋斗动力的祸害

焦虑会使学生精神紧张、思维混乱、注意力分散，它不仅使学生学习效率下降，而且还严重影响着学生在考试或竞赛中的良好竞技状态的形成。在学习和生活中产生焦虑心理的原因也是不同的。要消除他们的焦虑心理就要找出根源“对症下药”。例如高三学生更多的是高考带来的考试焦虑。如何应对考试焦虑，你可以尝试以下方法。

一、多参与丰富的课外活动克服焦虑心理

不同形式的课外活动能转移我们的注意力，培养我们多方面的能力，克服我们的焦虑心理。如：在学习之余可以每天坚持适当的体育锻炼，或者周末走出校园去拥抱大自然，让美丽的自然风光缓解我们在学习中产生的焦虑情绪。

二、设置有效的、可实现的阶段性小目标克服焦虑心理

模糊的遥不可及的目标会影响我们的自信，产生更多的焦虑。让目标变得准确、具体、可实现的目的在于每完成一个子目标，且我们都能相对比较明显地看到自己的进步，看

到自己的努力和成绩进步的因果关系，并产生不断克服困难达到下一个子目标的欲望和动机。这样就会大大地降低自己产生焦虑心理的概率。

三、进行缓解焦虑心理的技能训练

1. 放松训练。通过暗示语及调节呼吸，使肌肉得到充分放松，从而降低由焦虑情绪而产生的过多的能量消耗，使身心得到适当休息并加速疲劳的缓解，同学们可以尝试利用课后或睡前进行放松训练，让自己的身心得到充分休息，达到自己的最佳状态。

2. 注意力集中训练。焦虑使人六神无主，注意力分散。通过注意力集中训练，能使学生提高抗干扰的能力，避免或克服焦虑情绪的产生。注意力集中的训练方法多种多样，例如课堂上通过举手发言，多跟老师互动等行为来集中自己上课的注意力，课下也可以刻意增加学习的干扰因素来提高自己的注意力集中程度，例如尝试在嘈杂的环境中学习，或者给自己的学习任务限定一个完成时间等。

3. 实景模拟训练。为了克服对考试的焦虑，建议大家在平时学习中多采用实景模拟的方法来提高自己的应变能力。例如：根据各学科高考的测试时间安排，进行相同时段的模拟测试或在试题的不同部分有所针对地增加它们的难度或设置其他形式的障碍，利用它们来提高自己克服考试焦虑心理的技能。

第三节 抑郁：让奋斗意识脆弱的情绪

抑郁是指一种持久的心境低落状态，常伴有焦虑、躯体不适和睡眠障碍。它产生的主要原因是自我否定和自我消沉，它往往表现为情绪低落、心境悲观、郁郁寡欢、闷闷不乐、思维迟缓、反应迟钝等。如果这种抑郁、沮丧的状态是长期的、慢性的，往往会产生自我挫败行为，而这反过来又会强化抑郁情绪。下面让我们一起学习借鉴一下心理老师是如何帮助情绪抑郁的来访学生摆脱这种负面情绪的，或许在你需要的时候也可以试着这样做。

一、让来访者进行自我陈述，并记录下他们消极的想法，如："我什么都不好""我什么都做不对""我不会有任何变化"。

二、对这些不合理的思维进行讨论、辩论，并提供积极的想法。

三、鼓励来访者回答问题："这些消极思想是如何产生的"。

四、鼓励来访者停止注意消极思维，而是注意积极思维，并学会自我奖励。

五、正如焦虑是一种未来定向的情绪，抑郁是一种过去定向的情绪，鼓励来访者抛开过去，将注意力集中于当前的生活。

六、鼓励来访者讲一些鼓励自己的话，为自己做一些有益的事。

七、建议来访者用积极的想象，想象他们自己处在一个理想的情景中。

八、让来访者去努力追求他们确信希望得到的东西，而非被动地等待它们的到来。

九、鼓励来访者放弃试图取悦别人的想法、需要。

十、告诉来访者惰性于事无补，行动越积极越不去理会可能出现的抑郁情绪，他们也将越少体会到这种消极情绪。

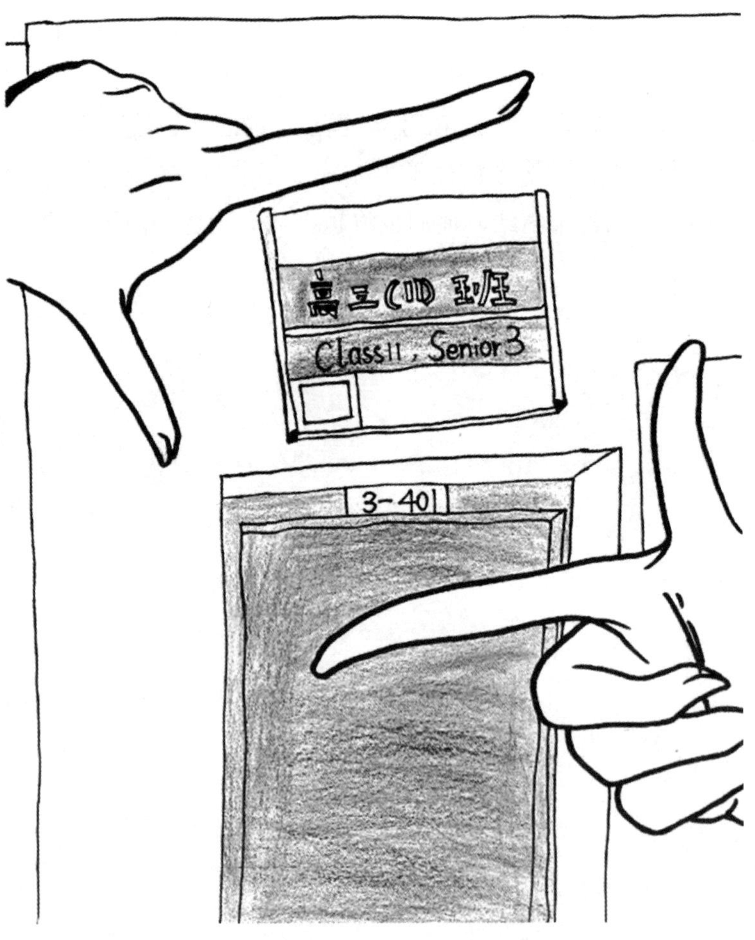
高三(11)班
Class11 , Senior 3
3-401

第四节 嫉妒：阻碍我们前进的屏障

心理学认为，嫉妒是一个人在个人欲望得不到满足时对造成这种现象的对象所产生的一种不服气、不愉快、怨恨的情绪体验。高中阶段的学生有因教师对他人的表扬而造成的嫉妒心理；有因自己容貌欠美、身材欠佳而对生理条件优越的同学产生的嫉妒心理；有因自己家境贫寒而对家庭社会、经济地位高的同学产生的嫉妒心理，等等。每个人都存在着不同程度的嫉妒心理，但过于严重的嫉妒心态会造成人体内分泌紊乱、肠胃功能失调、心理上陷入苦海，有害于学生的身心健康；严重的嫉妒心理还会产生从内心怨恨能干的人的情绪，从而在言行上造谣中伤、讽刺打击、诋毁对方等，严重破坏同学间的友谊。有碍于人际关系的和谐。如何克服同学的嫉妒心理？有以下几点建议：

一、加强理想和世界观的自我教育

嫉妒不是一种孤立的心理活动，而是受理想、信念和世界观等因素制约。嫉妒心强的同学可以通过树立崇高的理想，树立正确的世界观，与他人和平共处，把他人的进步给自己带来的压力变为动力，推动自己进步，提升自己的素养。

二、学会不断接纳和完善自己

人无完人，每个人都有自己的长处，也有自己的不足，要善于取他人之长，补自己之短，发现并开拓自身的潜能，不断提高自己。在学习生活中摆正自己和别人的位置，进行心理互换，善于取他人之长并尊重、理解别人。

三、用刻苦投入的学习分散自己的嫉妒心理

一个埋头于自己学习的人，是没有工夫去嫉妒别人的。因此请每一时期都为自己制定一个奋斗目标，孜孜不倦地为实现这个目标而努力，不断地对自己提出更高的要求，从而不断进步。

四、在多元社会发挥自我优势

人生本来就是一个大舞台，每个人都有适合自己的角色，人人自得其所，各有归宿；要有勇气承认对方有比自己更高明更优越的地方，从而重新认识、发现和创造自己，这样才能从病态的自尊心和自卑感中解放出来，从嫉妒的泥潭中自拔出来。

五、在密切交往中加深理解

许多嫉妒心理是由误解产生的。嫉妒者误认为对方的优势会造成对自己的损害，从而耿耿于怀。所以同学之间要打开心扉，主动接近，加强心理沟通和关系融洽，避免发生误会，即使发生了也要及时妥善地解决。

第八章

在助推中冲刺

高三，为了自己的理想大学，每个同学都铆足了劲；而在同学们冲刺的后方，学校、老师、家长也纷纷给予最大的支持，助推孩子们在努力冲刺中圆梦。我们学会在助推中用笑容征服世界，学会在助推中进取并坚持到底，永不言弃，我们坚信：行动可以改变命运。

第一节 我相信我能行

马斯洛的需要层次理论表明人的“自我实现需要”是最高层次的需要。“我相信我能行”这一自我效能感的不断强化，能激发学生在不断追求自我实现的过程中为了克服困难付出更多的努力，这也是学生保持信心、不断持续提升学习情绪的心理效应。每个人首先需要不断肯定和优化自己，因此在班上我们先后召开了“我的理想”“未来不是梦”“我们的誓言”等主题班会，同学们怀揣着各自的梦想，相互鼓励。还记得在一次大家畅谈理想的主题班会上，胡若琳同学对我们说的一番话。

为理想坚持到底

理想这个词，或许对于我们每一个人来说，都不会觉得陌生。理想是照亮我们心灵，让我们能够在人生路上走得更远的明灯，是每个人对未来的美好憧憬与向往。每个人对于自己彩虹般的理想，都有着无限的想象。

儿时的我对于自己的理想，已经有了一个模糊的概念：我想要当一名语文老师。相信大家都跟我一样对实现自己的理想，有着无穷无尽的期待，也希望能将它转化为我们学习的动力，不断推动着我们前行，成为自己想成为的人。

小时候的我，朗读着流沙河的诗“理想是石，敲出星星之火；理想是火，点燃熄灭的灯；理想是灯，照亮夜行的路；理想是路，引你走向黎明。”心中对于成为一名语文老师的理想，已经有了自己的想法。我想要成为像老师那样桃李满天下的人。理想对于我们来说，就像河流边那些五光十色的鹅卵石，美妙、绮丽而又略显天真，让我们陶醉其中。

那时候小小的我们，怀着大大的理想，随着时间的流逝，理想在我们心中生根发芽，不断长大。现在，已经升入高三的我们，对于自己的理想，可能已经有了更具体的概念。我对于想要成为语文老师的理想，也在时间的洗礼下，不断壮大。从小学到高中，每一个语文老师都让我印象深刻，当然我也努力成了他们的语文课代表。因此，在越来越与老师熟悉的同时我也更加坚定了我的理想。现在已经是高三的我，希望经过这些年的不断努力，能够实现自己的理想。但是，只有理想是不够的，我们还要有坚定前行的脚步和克服困难的勇气。

著名的哲人克雷洛夫曾说过：“现实是此岸，理想是彼岸，中间隔着湍急的河流，行动则是架在河上的桥梁，为了实现理想，单说是不行的，要紧的是做。”在高考前的我们，也是这样。紧张的备考，除了树立好我们大学的目标，我们还要付出行动！而我想要成为语文老师的理想，也成了支撑我继续努力的强大动力。这一年的我们，可以通过平时上课的积累，课后的巩固和考试的经验，不断向前冲刺。我们正在为我们的理想大学而不懈奋斗着，我们在为我们自己的未来而铺路，我们在用行动，架起沟通理想和现实的“桥梁”！从现在起，把握今天，把握现在，把握在我们手中的每一分钟，为理想拼搏，我们才有可能实现理想！

然而，对于高三的学生来说，现实也是有残酷的一面的。我们的高三只有一年，在这一年里，我们会遇到许多阻挡我们前进步伐的障碍。这些障碍，会影响我们最后实现理想，甚至改变我们的人生道路。所以，在高三这一年，我们不仅要学习知识，还要克服现实中的困难，懂得成长的意义。我们克服困难的办法有很多，时间对于我们来说十分珍贵。充分利用好时间，我们才能战胜高考。在我们的学习生活中，我们要懂得善用时间：别人家的孩子去天文馆边玩边学，我们也可以在网上买资料夹板，卷子一夹笔一带，厕所里都可以做阅读。上学放学坐公交、中午排队买饭，甚至走回寝室的路上，都可以挤出时间来学习，只要你有心，处处皆可学习。

除了时间，我们还应该注意效率。每个人每天都是24小时，但是，为什么有的同学学得多，有的同学却学得少呢。这就是效率的问题了。我们在学习中，既要珍惜时间，又要提高效率。否则，一整天碌碌无为，只是浪费时间。

另外，高三，为了实现我们的理想，我们的压力很大，所以，找到排解压力的方法，显得十分重要。我们可以通过看电影、看书、运动等方式来发泄自己的情绪，调整自己的状态。只有好的状态，才能让你在高考中战胜别人，从而实现自己的理想。

理想，包含着我们对未来的向往，对未来的希望，还有对未来美好的憧憬，相信只要我们对它不离不弃，它也一定不会抛弃我们。让我们一起为理想坚持到底，也请大家相信凡事念念不忘，必有回响。

有理想，有动力，有自信，同学们都力争成为卓越的自己，看看下面同学们的座右铭，这也是我们在高三这一年奋斗过程中心底最真实的声音说出来，并不是为了让别人听见，而是为了告诉自己，我们能做到，因为我们相信我们能行。

大学，我们来了					
姓名	座右铭	姓名	座右铭	姓名	座右铭
陈钦涛	知识改变命运	杨晓蝶	任何值得去的地方都没有捷径	曾诗宇	你若花开清风自来
邓　藩	宝剑锋从磨砺出梅花香自苦寒来	瞿英奇	破釜沉舟，百二秦关终属楚。卧薪尝胆，三千越甲可吞吴	陈韵泽	行者常至，为者常成
罗梓淳	立大事者，不惟有超世之才，亦必有坚忍不拔	王佳欣	努力才能不后悔，努力才能有未来	王　玥	尽全力让自己不遗憾
段文昊	你尝过一次成功的滋味，就不会再想输了	熊天宇	生活就像海洋，只有意志坚强的人才能到达彼岸	庄舒苹	厚积分秒之功 方能一鸣惊人
郑浩霖	不成功，便成仁	莫泳欣	去努力，去变强，去让自己看更远的地方	卢晓婷	为自己的理想而奋斗
林伟炼	够努力吗？至少现在不够	邹湘楚	为未来的快乐和幸福而学习	郭绮莉	眼界决定一个人的天花板，努力决定一个人距离天花板的高度

续表

姓名	座右铭	姓名	座右铭	姓名	座右铭
陈秦秦	尽吾志也而不能至者，可以无悔矣	张芷槐	吃得苦中苦，方为人上人	王紫昕	今日种种，方成新
黄 诗	Never give up and you will be success	郑林茂	贵有恒何必三更起五更睡；最无益只怕一日曝十日寒	陈奕妮	牢记昨天，奋斗今天，展望明天，金榜题名，舍我其谁
夏嘉锋	路漫漫其修远兮吾将上下而求索	蔡艾佳	天道酬勤	郑林阳	每个人每天都只有24个小时
赵晓彤	每天告诉自己一次我真的很不错	吕一帆	万事须己运，他得非我贤。青春须早为，岂能长少年	樊楚欣	一定会成功的，老天没有理由去为难一个努力的人
李祖炜	希望18岁的时候给自己一个交代	陈培茵	做最优秀的自己	杨恩泓	一切皆有可能
王思晴	要么出局要么出众	陈 睿	乾坤未定，你我皆是黑马	孙巧冰	欲戴其冠，必承其重
叶诗瑶	命运靠自己把握	胡若琳	吾之所向，一往无前，愈挫愈勇，再接再厉	仝若涵	希望现在的努力不会让以后的自己后悔
吴沁琦	让自己不后悔	张子颖	我们继续朝着阳光方向前进，所有努力都不会发生什么异变	周亚楠	顺风不浪，逆风不怂
谢新航	时间就是金钱效率就是生命	丁楚霖	苟利国家生死以岂因祸福避趋之	官鑫伟	长风破浪会有时，直挂云帆济沧海

第二节 孩子共同参与的分层家长会

家长会是班主任和家长联系交流的重要途径，通过家长会，班主任和家长互相交流孩子在校在家的表现，互相配合，共同制定有针对性的措施，以此达到共同教育的目的。然而很多成绩退步或暂时落后的同学很担心家长会后会收到爸妈的一份“厚礼”，也害怕开完家长会后看到父母失望的表情，因此很多同学从心底埋怨班主任在家长会上的“告密”行为。尤其对高三学生来说，巨大的学习压力，让同学们更加排斥家长的念叨，因此对家长会充满恐惧和抗拒。

如果家长会只是给学生带来沉重的负担那么这将失去它原本的意义，因此在第一次模拟考试之后，我们班尝试改良原来传统的家长会，让家长会向学生开放，将家长会进行分层处理。这样做的目的是解除学生对家长会的担忧，在学生、家长和老师三者之间形成共识，共同面对和解决问题，给孩子最大的理解和支持。而且分层家长会能弥补原先家长会家长太多，班主任不能与每一位家长充分沟通，家长之间缺乏交流，很多成功的教育经验得不到传播的缺憾。

如何召开孩子共同参与的分层家长会，具体做法如下。

一、准备工作

1. 做好思想动员工作，集思广益丰富会议环节

通过班会、家长微信群与学生和家长们沟通本次分层家长会的目的及活动环节，集思广益，收集大家的意见和建议，完善家长会的活动内容。例如：有些家长提出希望在分层会议上邀请具有成功经验的家长介绍教育方法，有些家长提出希望听听孩子自己的想法，等等。在沟通过程中，我们也应该动员一起参与家长会的学生们，在家长和老师面前放下心理防备，思考并准备好与老师和家长沟通自己目前遇到的最大的困难、最需要的帮助等内容。

2. 对全班学生进行分层

首先确定分层标准。分层的标准要充分考虑，既要参考学生的成绩，又要考虑保护学生的自尊心和上进心。综合第一次模拟考试前的几次月考成绩和学生的平时表现，我把学生分成三个层次：第一个层次是成绩优秀稳定，但仍需不断突破的同学；第二个层次是处于重本边缘，但潜力很大，只要抓住症结就能大幅度提高的同学；第三个层次是成绩退步明显和学科明显瘸腿，学习效率和自控力有待加强的同学。

3. 准备分享材料和分层课件

①根据每个不同层次学生的情况准备好发言主题，做好不同层次家长会的课件，抓住最关键的问题，摆困难，想办法。

②准备好向每个学生及家长发放的资料，如：给家长的建议、学生的个人成绩档案等。为了保护学生的自尊心，我

为班上每位同学建立了个人成绩档案，详细追踪记录了每位同学每次考试各科的测试情况，根据这些数据做好每个同学的成绩分布趋势图，有对比，有发现，让学生和家长拿到自己的成绩报表时，图文并茂，一目了然。

③设计各层各类学生的调查问卷，收集并统计每类学生普遍遇到的最大困难和最需要的帮助。

④与科任老师分工合作

在召开分层家长会之前，还需要与科任老师进行沟通，与他们进行分工合作，也请到会的科任老师提前准备好与学生、家长沟通的内容，以保证会议开展的流畅性。

⑤确定不同层次家长会召开的时间和地点

开会的流程结合不同学生的分层情况，班主任首先要确认不同层次家长会召开的时间和地点，更重要的是需要灵活变通会议内容，但不管内容如何变化具体流程大致如下。

二、开会流程

1. 介绍本次家长会分层的目的和方法，强调让学生共同参与家长会的意义。

2. 介绍班级近期总体发展情况：从学习、卫生、纪律、出勤等方面表彰优秀学生并反馈问题。

3. 下发个人的成长档案，班主任介绍各层次学生的特点，客观分析其优势和不足。

4. 根据参加会议学生的调查问卷统计结果，学生代表汇报他们遇到的最大困难和最需要的帮助。

5. 针对该层次学生的不足之处，班主任从大方向上提出发展策略。

6. 邀请班上进步明显的学生及学生家长谈谈进步的具体经验方法。

7. 科任老师根据学科情况与学生和家长沟通。

8. 班主任和科任老师针对个人档案，与每位家长及学生轮流自由沟通，并给每位学生及家长具体的发展建议，同时树立下一阶段的发展目标。

这样的家长会，气氛十分热烈，不仅家长感到满意，同学们也放下了对家长会的戒心，感受到老师和家长的共同关心，真实地展示了自己的情况。当然，对于老师而言，分层家长会比传统家长会的工作量大很多，但是我认为只要有效，这一切付出都值得！

第三节 高三的成年礼和百日誓师大会

在成年之际，我们将用誓言与行动送自己一个世界。今年的冬日有阳光照耀，今年的成人礼有家长陪伴。

在寒假即将来临之际，学校召开了一年一度的成人礼，还为同学们准备好了成人之门。不仅如此，学校还特地请来了家长，与同学们一起见证这一重要时刻。那一天的冬日出现了缕缕和煦的阳光，当我们下楼时，我们看到了在楼下等候多时的家长。他们中的许多人，为了让我们的成人礼更加红火，都穿上了红色的衣服。同学们迫不及待地穿上了庄重的礼服，纷纷与家长及其他同学合影。当大会主持人宣布成人礼暨誓师大会开始之时，负责学生生涯规划的老师详细地指导了大家该如何规划高考前剩下的 100 天，接着大会主持人带着我们宣誓一百天的奋斗誓言，一声声的呐喊不仅响彻云霄，也在我们心中不断盘旋，心里那份被激起的热血一直在沸腾。同学们内心奋斗的激情无法言表，把戴在头顶的“学士帽”抛向天空，内心洋溢着将展翅高飞的欣喜雀跃之情，也有着即将离开母校的惆怅之感。今天，作为高三学生，我们也将满或已满 18 岁；当我们拉着家长的手一起穿过象征 18 岁的成人门时，我们相互拥抱，也更加懂得 18 岁意味着责任和担当，意味着我们应该以更加成熟的姿态去面对高考。

奥斯特洛夫斯基曾说“生活赋予我们一种巨大和无限高贵的礼品，这就是青春”。高考也是青春中一道独特的风景，而学校的高考誓师大会和成人礼活动则为这道风景增添了绚丽的色彩。仪式过后的我们表面似乎并没有太大的改变，但是我们的内心更加懂得了我们肩上的责任，更加理解了父母的期望、老师的期盼，亦有自己对未来的憧憬与希望；这份责任，让我们有更大的动力前行，我们也感恩每一个在我们追梦的道路上为我们添砖加瓦的人。

当我们在宣誓的时候，突然想起了我们在班上开的动员会，我们曾在家长送来的横幅上写下了属上自己名字的誓言，会上导姐跟我们说过“最后一百天，我们要送自己一个世界”，一个未来充满新奇的世界，一个需要坚持与努力才能进去的世界，这一百天，正是我们获得通往新世界的重要机会，我们会“甘将心血化时雨，润出桃花一片红”，用最后一百天的不放弃为自己十二年来的付出画上一个完美的句号。

孙巧冰

2018 年 12 月 29 日

第四节 高中最后一个寒假

春节的脚步越来越近，同学们迎来了高中最后一个寒假，今年的寒假，同学们没有像以往那样给自己安排丰富多彩的外出活动，而是踊跃地报名返回学校自习。为了那份相互监督、相互促进的氛围，为了按捺那份节日躁动的心情，同学们每天早早来到教室安静地学习；因为大家都深深明白，这个寒假是高考前发生超越的重要时刻。作为班主任，我也明白，寒假来了，高考不会太远，很快，孩子们会展翅翱翔；这份不舍，我用每天跟他们一样出现在教室陪同他们的行动来表达。解答疑惑也好，静静地看着他们也罢，我知道这个寒假我的出现，一定能为孩子们高考备战注入更强大的信心和动力。让我们一起来回顾寒假时写下的班级日志。

新年，我们依旧在路上

今天是二月二日，距农历大年三十只剩两天，早上陆陆续续地，有很多同学进入班级，利用假期进行深圳一模考试的冲刺复习，班主任导姐牺牲了假期也每天陪同着我们，平淡如往的日子里，藏有一丝欢快幸福的春节气息和对老师深深的感动。

中午，班里的同学相约到学校附近的火锅店聚餐，在忙碌的复习后终于在火锅店里找到了久违的轻松的笑容。结束聚餐后，我们重新进入了紧张的复习状态。正当我们沉浸于学习海洋时，未想一张张亲切的面孔出现在班门口，家长来给我们送温暖了。家长们走进班级给同学们寄语，给班主任献花，还送来了手写的对联，家长与同学们一起为班级贴对联，给静谧的班级带来了新年的气息。

在我们高中最后的一个寒假，我们对自己都会有很多的期待和目标，我们都希望成为自己想象中的那个人，我们都在拼搏路上展望着看似遥远而又可及的理想，继而咬咬牙，提笔奋战，我们在成长路上祝福自己也不断警醒自己。在高考战场上，不想成为牺牲的分母，就要在别人娱乐的时候学习，在别人学习的时候更加努力，才能做到不负青春，不负往昔。承载着家长和老师殷切希望的祝福已经到位，同学们，你们准备好迎战高考了吗?

Breakfast
Growth
Happy Birthday
Future
Best Friends
Diligent

第九章

不忘初心　回归平静

转眼间，高三的时光仅剩一百天了，我知道，这意味着大家在班级相处的时间也越来越少了。

班级经常通过视频、主题班会等形式的励志活动，来帮助同学们燃起备战高考的熊熊斗志。我们都知道学习是一件需要长久积累的事，因此我们要冷静而坚定地守住自己的信念，持续保持自己高涨的战斗力，所以我们希望读这本书且正在努力备战高考的你，在激情高昂地前进时能不忘初心，回归平静，在平静中更冷静、更客观地对待自己的学习和生活。

第一节 感恩父母，回归初心

同学们想想什么是自己努力奋斗的初心呢？你可能会说起那老生常谈的词——梦想。关于梦想的话题我们谈了很多，但思考一下，我们的努力除了为实现自己的人生价值，让梦想成真以外，也不妨将这看作是对父母的一份孝心。让父母不再担忧，让父母以我为荣，或许这才是我们儿时愿意放下玩具，认真学习的初心。

处于青春期有些叛逆的我们或许不再爱在父母膝前撒娇，不再爱向父母诉说我们心中的小烦恼，我们还总是希望挣脱父母的掌控，希望自己把控自己的人生，我们开始厌烦父母的唠叨，抗拒甚至曲解父母的关心，甚至为了宣泄自己压抑的情绪而对父母恶言相向。亲爱的朋友，你要清楚地知道，父母永远是最爱我们的人，是永远会最大限度地包容和理解我们的人；他们可能不善言辞，不够体贴，不懂得如何给你你想要的，他们只会用自己的方式，给你他们认为的最好的东西。这让我想起看过的一部电影，里面的父亲对儿子说：“我是第一次当爸爸。”是啊，对于很多家长来说，他们都是第一次为人父母，不懂得如何去爱，不懂得如何去表述爱，我们有时可能会看到他们在背后默默支持我们的身影，忙碌而可靠，这时我们才会感受到自己是发自内心地感恩上苍给予的这份亲情，也下定决心要用自己的行动好好回报这份亲情，虽然我们也是第一次当孩子。接下来，让我们一起来聆听来自王紫昕同学在“感恩父母”主题班会上的发言。字里行间，我们听到了同学们发自内心最真实的呐喊：爸妈，我爱你们！

还未开口的话都在等候你

人身底事，往来如梭，我们在慢慢长大，爸妈却在逐渐变老。我们的父母始终愿意把我们当作小朋友，陪着我们成长。正因为如此，我们在父母眼中是一个永远长不大的小孩。小的时候因为还不够成熟，认知和实践都有着重大的缺陷，是父母一直扮演着指导的角色，带着我们跌跌撞撞地成长。可当我们慢慢长大，有了自己独立的思考和认知，我们不再希望受到父母各方面的管控，但父母有时候并不能理解我们的想法，在解决问题的过程中，还沿用以前的管教方式，可能会指责我们、打骂我们，可能会打着“为你好”的名义去“剥夺”我们的一些权利和自由，可这往往更容易激起我们的逆反心理。这时候，矛盾就来了。而特别是在高三这个紧张的阶段，我们承受着高考的压力，我们变得敏感、变得焦虑、变得特别容易生气，一切小纠纷都能成为我们跟父母吵架抑或是冷战的导火索。有时可能只是不经意间问了一句“考得怎么样？”，可能只是在你认真复习时进房间来送一杯牛奶，就引发了一场不必要的不愉快。但在每次不由自主地发完脾气后，我们很快就会后悔，拿着温热的牛奶，除此之外，剩下的还有满满的难过和自责。

在我们与父母相处的过程中，会出现各种矛盾，也许是父母严格的管理，也许是父母出于关切的“啰嗦”。这些问题的出现，会让我们更加不愿意和父母交流，更加难以说出自己的真心话。

一段健康的亲子关系，光有爱是不够的，还要有坦诚的沟通。这让我想起《流浪地球》里刘启和刘培强之间的父子关系。无疑，刘培强对儿子的爱是沉甸甸的，却丝毫无声，即使背负无情、冷酷、残忍、不可理喻的臭名头，被众人误解，甚至是被儿子仇恨时，他都没有选择表达出来，不去解释，就这么默默地爱着。刘启也爱他爸爸，可在亲子沟通上，他却是个实打实的逃兵，他会委屈，也是个倔强、隐忍、痛苦、煎熬的人，却总是一个人默默承受。他们明明互相爱得那么深沉，却都好似心有灵犀般地互相沉默，互相伤害。幸而，在电影的最后，刘培强终于与儿子刘启成功通话。可仍让我觉得遗憾，他们的和解来得太迟，代价太大。迟到让人心酸落泪，大到让人无以承受。而这种迟到的回应，却是我们很多普通的父母和子女都得不到的。生活不比电影，没有那么戏剧，一方不行动，可能就是双方一辈子的结。作为接受过这么久的教育的你，刚刚成年的你，我愿你先踏出这一步，来主动化解和父母之间的矛盾。

我们都应该明白在这些矛盾的背后藏着的是父母对我们的爱，是他们对我们的期望；他们的初衷是为了我们好，希望我们变得更加优秀，即使有一天他们不能在身边照顾我们，我们也能照顾好自己，他们希望我们幸福。

细数过往，我们会发现他们对我们的爱还藏在那些数不尽的小事里。也许只是一顿看似普通的晚餐，却是他们花尽心思做的营养搭配；也许只是微信上发送的一段鼓励词，却是他们删删改改好半天的成果；也许只是一次周末的小出行，

他们都能策划好久，只为能让我们放松心情，不要过于紧张。他们会在你睡前递上一杯牛奶，会为你准备每周的水果，他们会陪你一起早起锻炼，他们还会看看不懂的文言文，替你抽背好久没接触的长篇英文。你看啊，就是这些不起眼的小事，如今说起，唇齿间依旧酸涩，心尖抑不住地抽动。说个例子啊，在接近高考的那段时间，我爸爸几乎每天都会发消息鼓励我，他最常说的就是让我相信自己，要我一定得好好休息，千叮咛万嘱咐让我注意身体，每次结尾都不忘再说句“他相信我能做得很好”。因为感到了他们对我无条件的信任和支持，让我更加不想要去辜负。所以，其实很多时候我们害怕的并不是考不到多高的分数多好的大学，而是怕看到他们失望隐忍的目光。

既然我们能明白父母对我们的爱，同时我们也爱着他们，为何不敢于表达自己内心的爱，让我们之间的爱朝着正确的方向前进，让它成为我们变得更好的动力呢？我们可以不那么封闭自己，打开房门，多和父母聊聊，也尝试着从父母的角度思考，理解他们。还可以一起制定人生规划，制定每个阶段的小目标，实行奖励机制，也许还能从父母那收到不少有益的建议，为自己加足前进的动力。我相信，最后不管结果如何，无论成败，不论优劣，在他们眼里我们都是成功的，最独一无二的，是最优秀的。

时间会教我们，在成长的过程中也要学会去爱，要独自挨过初秋的冷，要心存幻想闭眼吟诗，要穿越拥挤的车流和凄清的黄昏，最后，还要记得停靠。我想父母永远是我们的港湾，是我们坚强的后盾。

在这里，想说的话很多很多，可概括起来也不过这三句：

对不起，让你为我担心劳累；

没关系，原谅你无意间带来的伤心；

谢谢你，无条件地支持与付出。

但其实，这三句话概括起来也不过几个字：我也爱你。

第二节 面对成绩，分析先行

高三备战过程中我们经历了无数次大大小小的测试。面对成绩，我们首先应该选择冷静地分析，从中发现自己的知识漏洞，明确自己对知识的掌握程度，来帮助自己查漏补缺、调整学习方法。与分数相比，考后试卷分析才是真正让我们收获最大的地方，也是我们考试的意义所在。下面让我们一起来谈谈如何进行成绩的分析。

一、分析策略

所谓考后试卷分析，是指考试后订正试卷中出现的错误，分析考试的收获以及考试中暴露出的问题，然后进行归类，逐一对照并制定出自我提升的措施方法。具体的分析方法可以从以下四个方面尝试。

1. 从逐题分析到整体分析

从每一道错题入手，分析导致错误的知识原因、能力原因、解题习惯原因等。分析思路可以是：这道题考查的知识点是什么？知识点对应的能力要求是什么？这道题是怎样运用这一知识点解答的？这道题的解答过程是什么？这道题还有其他的解法吗？我丢分的具体原因是什么？下次该如何杜绝这种错误的发生？逐题分析之后，还可以对试卷进行整体的分析，分析自己考试丢分的总体原因：是知识不熟、审题不清、表述不准，还是非智力因素，等等，再从整体丢分的比例，找到自己从整体上调整学习的策略。

2. 从数字分析到性质分析

首先，统计各科因各种原因的丢分数值。如计算失误失分、审题不清失分、考虑不周失分、公式记错失分、概念不清失分等。其次，找出最不该丢的 5 ～ 10 分。这些分数是最有希望获得的，找出来很有必要。在后续学习中，努力找回这些分数可望可即。最后，任何一处失分，有可能是偶然性失分，也有可能是必然性失分，我们要学会透过现象看本质，找到失分的真正原因。

3. 从口头分析到书面分析

在学习过程中，反思十分必要。所谓反思，就是自己和自己对话。这样的对话可以是意识里的，也可以是口头表达的，但最好是书面表达。从意识的存在到口头表达是一次进步，从口头表达到书面表达是又一次进步。书面表达是考后试卷分析的最高级形式。所以，建议同学们在考试后写出书面的试卷分析。这个分析是反观自己的一面镜子，是以后进步的重要阶梯。

4. 从归因分析到对策分析

现象分析之后我们要进行归因分析和对策分析。三种分析逐层递进：现象分析回答“什么样”，归因分析回答“为什么”，对策分析回答“怎么办”。

二、针对错题的提升策略

针对详细的试卷分析，如何形成对错题有针对性的提升策略，建议大家尝试一下九字诀策略：“马上写、及时析、经常翻”。

1. 马上写

首先，建议同学们把做错的题重新整理写一遍，详细写出正确过程和答案，主观性试题的分析应根据老师讲解的解题思路将答案补充齐全。

2. 及时析

及时写出对试卷的分析内容，包含以下两步：一是综合评价，即哪些题目做得比较好，哪些题目存在失误？二是在纠正错题的基础上，对错题进行归类，找准原因，对症下药，再找到相应的题型资源进行巩固学习。

3. 经常翻

试卷自我分析写完后，和试卷粘贴在一起，要注意保存。积累多了，可以装订成册。考试之后如若束之高阁则会让一切分析的努力都付诸东流，我们只有经常翻阅复习，才能达到巩固知识、加强理解、培养能力、掌握规律的目的。

第三节 戒骄戒躁，不慌不忙

离高考还有一个月左右了，高考临近，同学们可能会越来越慌，如何在这紧要关头高效地度过剩下的每一天？在这里，我建议同学们在学习和生活上要适时调整，戒骄戒躁，形成不慌不忙的节奏，具体做法如下。

一、调整好心态，做到不骄不躁

离高考越来越近的日子里，很多同学往往会内心浮躁、焦虑，加上纷至沓来的诸多高考相关信息，种种状况不仅在很大程度上影响考生的情绪，还有可能会导致学习效率下降，而且有时还会影响正常的饮食作息，心理和生理素质差一些的同学甚至会突然生病。所以在这个大多数同学很难进入高效复习状态的关键时候，如果你能够做到高效复习，那你一定可以迅速提升自己的实力，从而拉开与别人的差距。与其着急上火，不如静下心来，踏踏实实地做好复习工作。

二、制定合理的分数目标，抓牢基础，有收有放

这个阶段，每位考生都应该抓牢基础，该得到的分数一定不能丢，并根据自己的实际情况给自己制定一个合理的总

分目标，各学科分数目标。如果你觉得自己制定学科分数目标比较困难，可以听听科任老师的建议，最好让老师帮你分析一下你与别人的差距在哪里，哪块知识还有缺漏，哪方面容易提高。除了必须抓牢的基础分以外，同学们这个时候还应对一些远在自己能力之外的考题大胆放弃，做好为自己准备的得分区，让自己的复习目标更加清晰，有的放矢。

三、精简复习资料，做到收放自如

面对海量的复习资料，我们要收，全面收缩。停掉所有不是必须要做的事，把时间和精力收回来，在老师的建议下我们一定要对复习内容进行相应的挑选和精简。同时我们还要学会放，放下包袱，放开视野，去尝试新事物，不要重复迷茫地做那些事，要走出舒适区，让自己看到更多的可能。例如利用自己的课余时间，我们可以多阅读经典名著。阅读经典能帮我们认识并接受世界的复杂性；阅读经典让我们更能区分和表达自己的情绪；阅读经典能让你从暗沙涌动的急流般的生活中暂时脱身，带着更长远的眼光看待当下。或许你会说，时间不够用，那就建议你看看一些精选美文。总之，文学能丰富我们的备考生活，能在无形中滋润我们的心田，提升我们的素养。

四、保证睡眠，适度放松

耶克斯—多德森定律告诉我们在完成复杂和困难的任务时，偏低动机强度下的工作效率最佳。意思就是如果在困难面前，在压力面前，我们只有保持放松的心态，才更能发挥自己的潜力，而过于焦躁的情绪，过于紧张的心态反而会弄巧成拙，让自己无法提高，这时我们就要学会适度放松。其实放松的方法很多，不同的人有不同的方法，可以去运动，让自己酣畅淋漓地出汗，放空自己；可以什么都不想，好好地睡一个自然醒的好觉；可以限时打一场游戏，转移自己紧张的情绪；也可以和家人朋友去爬爬山放松自己，等等。总之，这个时候请不要吝啬自己的时间，因为适度的放松，是为了自己接下来更好地学习。

抱最大的希望，尽最大的努力，青春方不留遗憾，我们要做的就是戒骄戒躁，不慌不忙，稳步前行。

第四节 百折不挠，乐观面对

在高三备考过程中，你或许在学业上困难重重，又或许在考试中屡遭失败，而当它们来临的时候如果你能学会百折不挠，乐观面对，我想这也是高三、高考给我们带来的成长。班级的谢新航同学，在空军飞行员报考的道路上，从九月开始突破了层层关卡，可是就在最后一关长沙的面试中被淘汰了，我想对他来说肯定是一个遗憾，在他从长沙回来前我对他的状态有各种担心，担心他难过，担心他弃学，可是让我万万没想到的是我们的阳光少年回来后更加沉稳，更加努力，反过来还安慰我不用担心。虽然新航很快从他的遗憾中走了出来，但是我可以肯定在他的内心也是有过波澜的，内心世界坚毅的他，是如何跌倒后爬起来的，让我们来看看他对自己当时心理状态的描述。

望着桌上的作业，我的思绪又渐渐回到了空军招飞的那几天，本来抱着完美憧憬的我却在最后一次体检中被意外查出了一项不合格，通往蓝天的大门就这样悄然关上。被淘汰后，我坐在从长沙面试回来的高铁上，带着和去时不一样的心情，看着窗外暗淡的夕阳照进车内，与现实中的太阳一样，我心中理想的光芒也渐渐消失在失败的阴影中。

如众人所言，空军飞行员确实是百里挑一，与我同试的人当中仅有几位成功入选，其中一位甚至在测试中拿到满分，而那个人在我眼中看起来是那么普通。几天前的我和他一样，甚至我认为自己比他更优秀，但事实残酷地打击了我，他合格了，我却被淘汰了。看着那几个通过的人即将实现自己心中的梦想，我的确心有不甘，却也无可奈何。我的学习并不是特别好，尤其是英语成绩，回到学校，要面对着那些怎么学也学不会的英语，面对六月高考带来的不间断的压力，再加上一些学校和家庭的琐事，这一切的一切都让我崩溃，甚至让我变得麻木。每天麻木地上课、下课、吃饭，不知道自己在做什么，又不知是为了什么在努力，没有目标、没有方向。甚至将高考这个终极目标都抛在脑后，整个人也都陷入了迷茫之中，忘记了自己是谁，忘记了自己的初衷，没有了理想，也失去了希望，失去了前行的动力。我有时候也会想，这或许就是生活吧，这或许就是命运吧。这样让我苦恼的日子大概持续有半个月，我绞尽脑汁总想找到一些东西，找到自己究竟为了什么而努力，找出自己究竟为什么要为之努力的原因。我想，这应该是每个18岁高中生或多或少都会有的疑惑，在承受繁重的学业的同时，遭遇失败后究竟应该如何找回自我，重新走上正轨，又该如何找到自己的目标，从而通过努力实现自己的理想。

少年人应常思将来，故心生希望，处于奋斗年龄的我，也确实应该找到适合自己的目标。一个人要是没有自己的目标，没有希望，就会像一艘无帆的小船，在迷茫的海洋中不知所措，不知归处。一个青年人更是如此，因此无论陷入什么样的绝境中，第一重要的便是找回自己的目标。

幸运的是，半个月后在老师和家长的帮助下，我对自己的理想重新进行了审视，无数遍的审视，让我发现不论怎么变化，摆在我眼前的最重要的是高考。找回自己的目标后，一切也不过是回到了最初的起点，从测试失败到找到目标，从颓废不堪到重整旗鼓，现在的我，有了目标，有了方向。要想到达最后的终点，还需要做到坚守信念，就像100年前民国时代的那些意气风发的少年们。我常思考，在他们青春似火的时候，是什么力量在引领他们向自己理想中的未来持之以恒地前行直至成功。从丧权辱国到新文化运动，从挨打落后到开创新时代，我看到了属于那个时代和我一般大的青年人的坚守，而那令人震撼几十年的坚守，我想只有信念，才能让他们走向成功，实现理想。那些青年前辈尚且如此，而我却因为一点小失败自暴自弃，情何以堪。我遇到的挫折与前辈们相比，又如何谈得上困难。一想到高考后，蓦然回首，会想起曾经奋斗过的时光下的情形：同学们的乐观豁达，同桌那堆得高高的书山，小组内那种拼命三郎般的精神，班级上课时欢乐却也十分浓厚的学习氛围。这样的情形，谁又不是怀着最初的信念在坚守？那无数平凡而又刻骨铭心的日子里，是有一种信念，蕴含其中，给予了我源源不断的动力。那么既然有一条路尘埃落定无法前行，就不应在绝望的道路上自我蒙蔽，只有在其中学会总结经验和吸取教训，记住这份收获，才能在新的道路上放开手脚，无畏前行。古语曰：“虽无飞，飞必冲天：虽无鸣，鸣必惊人。”因此，我将高考设为自己目前的唯一目标，放下一切，全力冲刺。首先，对语文我坚持老师提到的忙点和盲点一起抓，先抓盲点后忙点，并时刻让自己保持熟知当下国家大事，保持人文情怀；对于数学则是稳固基础题的江山，再冲刺难题；对于文综则时刻保持高昂的学习劲头。对我而言，最困难的一关便是英语，我疯狂刷题背单词，将每一个原本不熟的单词都恨不得刻在心里，将所有别人做过的努力自己都做到，甚至做得更多。

我想从我自己的亲身经历来说，最大的感触就是：纵有千古，横有八荒，唯有坚持自己的理想，在前行的道路上百折不挠，怀有信念，乐观面对，才能前途似海，实现自己的理想。

同学们，在高三坚持奋斗的道路上我们会遇到这样那样的困难，但是只要我们不忘初心，用最冷静的态度找到突破的方向和方法，我们一定会离自己的目标越来越近，直至到达。

第十章

背负希冀 轻装迎战

高考越来越近了，同学们在情绪上经历了较长时间的紧张状态，如果继续施压，紧张过度则会影响大家的备考状态。因此，高考临近，我希望同学们能在同学之间、师生之间或者父母那里，找到适合自己的解压方法，让自己在紧张的备考过程中多一份轻松，少一份压抑，轻松迎战。

第一节 同学鼓励，轻松应战

高考临近，许多同学都或多或少地有些紧张，但 11 班一向都是相互鼓励、乐观向上的大家庭。我们找到了一些快乐的话题在班级畅聊，让备考紧张的情绪在轻松愉快的班级氛围中逐渐舒缓下来。

高考结束了你最想做什么?

这个话题刚一抛出马上引发了所有人的兴趣，同学们一下子兴奋起来了。一向爱说笑的莫泳欣就带头聊了起来。她说高考完后她马上要去染漂亮的头发，要谈甜甜的恋爱。讲完所有人都笑了，仿佛看见高考后的她；活跃分子熊天宇也耐不住性子了，急切上台展示他的心愿，他说高考完要减肥健身，让小肚腩消失，还要学车然后开着车出去兜风，实际上我们都知道他学车最大的目的是担心爸爸的身体，希望自己学会后能替爸爸开车；卢晓婷同学这个追星专用户也不服输，她说她要努力挣钱，努力去上海北京，这样就可以离爱豆（偶像）更近一步……大家急着发言，非常热闹。无论是谁，对于未来都充满了期待。经过这么一小会儿的畅聊，同学们也慢慢放松了下来，紧张感也少了许多。

高考万一失败了怎么办?

这个话题让我们深思了一会。没想到安静的郭绮莉首先发言说，没考上我喜欢的大学那我就在另一所大学完成自己的梦想，无论在哪儿都要为自己的梦想努力。这下，炸锅了，王紫昕说无论去到哪个城市，那说明你与那个城市有缘分，也一定会遇到不一样的事情，认识不一样的人。

不甘寂寞的男生们纷纷站起来，有些说复读，有些说出国，有些准备就业，各有主意，但是我们知道大家只是心里做最坏的打算，而这没什么坏处，反而让我们更加明白高考的意义，把高考看得更加淡然，条条大路通罗马，就像聊到最后杨晓蝶说的，只要高三努力了，就不存在遗憾，无论结局怎样，也是你拼命努力了的结果，你要学会接受，也要为这样的自己感到骄傲，因为没有你，这段故事不会精彩。没有十一班所有人的相互鼓励，也不会有在我们看来是最美好的这一年。

就是这样，高考前如果我们脑子突然空白的时候请放下笔，与同学们聊聊轻松的话题，看着窗外树叶飘落或看着棉花糖般的白云穿梭在教学楼间，我们从考试谈到人生理想，每个人脸上都泛着笑容，仿佛一个个吃了糖果的孩子，满足地看着身旁的小伙伴。

如果说家长、老师是高三学子的坚强后盾，那十一班的小伙伴就是自己的解忧杂货店。有什么烦恼和小伙伴们敞开心扉，一切都会变得美好起来。我们没有把烦恼写在纸上，只是通过口中述说出来的跳跃字符，将自己的鼓励送到彼此的身旁。三年说长不长，说短也不短。虽然大家只待在一起一年，但是这一年却是最特殊的高三年。在这样的一年里，同学们都相互鼓励相互支持，让彼此的感情更加深厚，这样有爱的班级，能在高三相遇，也是每个人的幸运。

可能十一班的同学们的话都有种神奇的魔力，才能让我们在紧张的备考阶段如此轻松活跃。无论什么时候，十一班永远都会充满活力，不被负面情绪击垮。相互的鼓励只是我们这段历程一个小小的部分，但这小小的部分却充满着大大的能量，带着十一班向前向上。相互鼓励，轻松应战，这篇小乐章也会一直在线！

写给高考后的自己

放下心中的压力，给高考后的自己写一封信，让我们预设下我们高考后的状态，让我们把高考的意义想得更加明白，我们才会更珍惜现在，不负芳华。让我们一起来读一读当时其中一位同学写给自己的一封信。

致高考后的我

高考，对彼时的你来说可能已成过往，但对此时的你来说，它仍是一尊“拦路虎”。我并不能知道你究竟在高考中取得了怎样的成绩，但我相信无论结果如何，你都会是阳光地笑着面对，因为你已经尽了最大的努力。

未来的你，如果已取得了傲人的成绩，我希望你不要骄傲。大学并不是人们口中可以放松的地方，相反，大学在专业深度上的提升要求我们要更加努力。如果你是抱着一颗玩乐心走进大学的话，那我将会对你十分失望，因为你已经偏离了你的初心。我希望你能在大学不断完善自己，毕竟大学的时间比起高中是充裕了不少的。你有充分的时间来提升自己的专业水平，同时你也有充分的课余时间培养自己的兴趣爱好。但，无论怎样你都不应该玩物丧志，荒废学业。若到那种地步，我希望你能想起这篇文章，看看当初的你对现在的你抱着何等期盼。

未来的你，如果高考失利，名落孙山，我希望你不要灰心，不要丧气，不要向失败低头。我能理解你的心情，我知道曾经的你有多努力。尽管结果不尽如人意，但人生的路还长着，这并不是人生的终点而是人生的起点。当然，失败过后你同样也要好好反思自己的不足。尽管高考不能重来，但以后人生路上同样不乏需要你全力以赴的事情，好好吸取这次的教训，争取在下一个机会面前发挥好自己，放平心态，我相信以后的你会更好的！

无论好坏，大学都只是一个开始，人生是多姿多彩的。当你走入社会时，无论学历高低，我希望你都能抱着一颗平常心面对周围的人和事，不骄不躁，不卑不亢。只有保持一颗平常心，才是最好的状态。未来的你，值得更好的你拥抱。

高考前的夏嘉峰

2019 年 6 月 9 日

第二节 不慌不忙的徒步散心

进入高三后，面对着紧张的学习，很多同学便减少甚至舍弃了课余活动时间，每分每秒都投入在学习上。进入四月，高考临近，紧张气氛愈演愈烈，为了让同学们劳逸结合，放松心态，在学校的组织下，师生们来了一次说走就走的红树林徒步散心活动。

这应该是同学们在高考前最后一次穿着校服一起参与校外活动了，大家都显得格外兴奋。徒步活动选在了一个阳光明媚的下午，海边一阵阵微风袭来，吹拂着每个人的脸颊，出了校门的孩子就像一群刚出巢的雏鸟，欢呼雀跃，兴奋地去探索外面的世界。十几岁的孩子正是最具活力的时候，平日看惯了在教室里努力学习的他们，没想到在这放飞自我的日子，却看到了真正属于他们青春灵动的另一面：走在前面活力满满的一帮女生早已耐不住性子了，一看到大海开始快乐地自拍起来。而我身旁有几个同学和我热聊，谈的是追过的剧、看过的书、对未来的期许，等等。还有一帮男生用一个路边捡来的罐头瓶充当毽子，开始了一场简易的毽子大赛，虽然这个“毽子”简陋，但是男生们都踢得兴致勃勃。而另一帮女生，个个在单脚站着，开始了“金鸡独立”的比赛，说是考验平衡能力，但也是乐在其中。战况激烈，科任老师们也忍不住加入了战斗，在我们休息的大本营里时常传来阵阵爽朗的笑声。路上总有学生对老师嘘寒问暖，担心老师累了、渴了，给老师递水遮阳，遇到这群懂爱懂感恩的孩子，作为老师的我们也很欣慰，心里觉得一切的付出都值得，毕业将近，内心深处也藏着许多对他们的不舍。

孩子们在徒步的下午全然忘记了学习的压力和疲惫，在太阳底下徒步，我们痛快地流汗，痛快地玩，痛快地笑。朝着目标，我们一直前行，彼此关心，彼此宽慰，大家心里知道，最终我们都会因为大学的来临而各奔东西，而岁月会留下我们像家庭亲人般的情谊，留下高考前我们还能一起在海边不慌不忙徒步散心的经历。

第三节 家长到校以礼助力

2019年5月13日，无数个备考日子中普通的一天，甚至因为今年夏天提前的到来而稍显燥热。但是令我们意想不到的一群人的到来，让这天格外清凉且值得纪念。

夏天似乎也在为高考奋斗，气温一天比一天高。而在5月13号这一天，这个距高考已经不足一个月的日子里，高三（11）班像往常一样，进行了一天紧张的学习，但在最后一节课快要下课时，我们在疲惫中听到了导姐的吩咐："今天放学大家不要吃晚饭！18点准时回教室。"嗯？疑惑的问号在我们的头顶浮现。好奇心的驱动下同学们放学后的动作都特别快，休息的休息，抢澡堂的抢澡堂，复习的复习，18点准时到达教室，满心期待。很快，门外传来一阵声音，班级同学格外兴奋，因为那是爸妈的声音！看看满身大汗到达的家长们手里的大包小包，班里一阵欢呼。各位可爱的班干部也急忙上前帮助家长分发，我们首先领到的是肯德基，又是一阵欢呼，高三生可没有太多机会去吃这个童年的回忆餐。

同学们不禁"狼吞虎咽"了起来。讲台上，家长们满脸笑意地看着我们，目光里满是欣慰、鼓励还有骄傲。在我们分享美食期间，韵泽爸爸代表了全体家长表达了对我们的支持和信心，还为我们描绘了高考后的精彩生活，真是让我们心潮澎湃。接着，亚楠妈妈拿出一个个精致的小礼袋，笑盈盈地说这袋小礼物将送给全班同学，每人一份，我们迫不及待地拿到手上拆开，红艳艳的苹果就进入视线，亚楠妈妈说这是希望我们平平安安地迎接高考；苹果下面是牛奶，这是希望我们每天一杯牛奶，拥有健康的身体才能更好地冲刺终点；最引人注目的是一个亮眼的小贺卡，小心地打开贺卡，上面苍劲的大字仿佛直入心底，贺卡上面的一句句心语，似乎凝聚成父母一个个支持鼓励的面庞，很多同学感动得忍不住流泪。现在距高考不足一个月了，家长们为了让孩子们放松心情，精心准备了食物、礼品和贺卡，贺卡字里行间包含着父母的祝福，也饱含着父母对子女的用心：因为各位家长之间相聚不便，送给大家的贺卡都由亚楠爸爸花了好几个晚上代劳亲笔书写。感谢家长们的以礼助力，这份情意将化为一股源源不断的强大动力，在征战高考的路上为我们助力前行！在之后的日子里，我们每每感到倦怠的时候，就会看看那个小卡片，重燃斗志，奋力向前！

也许是这相似的情形牵动了回忆，让我们不禁回想起高三这一年来，饱含着家长们浓浓爱意的历次活动。记得在第一次月考前，家长们就提出每次考试后家长们都将“众筹”，给考试表现优异的同学和小组发出惊喜奖品；记得家长们还精心组织同学们开展考前考后放松的游戏；记得励志的横幅，寒假期间的对联都由家长们亲自送来……

暖心的家长仿佛时刻都在告诉我们“孩子别怕，我们一直都在”。有你们真好，看得出来，孩子们内心对父母的感恩之情已经转变成了认真备考的实际行动。

第四节 老师们别样的送考形式

在埋头刷着一张张卷子的日子里，高考倒计时板上的数字一天天变少，一年一次的教师送考也如约而至。而这个活动，不仅老师很期待，我们整个高三的每个学生的心中都满怀期待。

5 月 31 号，期待已久的送考活动终于来到了我们身边。出乎所有人的预料，送考大会上站在左右两边的两排老师们纷纷走到中间，开始跳起了最近非常流行的海草舞。而站在舞台上热舞的老师们，不正是我们的班主任和科任老师们吗？整个体育馆热闹的氛围仿佛让同学感觉到置身于某流行歌手的演唱会。看着台上热舞的老师们认真跟随节拍舞动的模样，我们从心底里感觉到他们对我们的用心，我们也想对老师们说："虽然乾坤未定，但我们准备好了！"

当大家还沉浸在老师们跳海草舞的震惊当中时，又有两道熟悉的身影从两边闪到中间，是校长和副校长，他们的舞姿是我们从来没有看到过的，让我们在惊喜之余，还有着莫名的感动。紧接着高一高二的师弟师妹们也为我们献上了两段振奋人心的街舞，将现场的气氛推向高潮。这些节目都是他们专门为这次送考活动努力学习排练的，也正是这样的精心准备，让正在高考冲刺的我们倍受鼓舞，把我们心底的疲惫一扫而空。

就在我们以为要圆满结束的时候，科任老师们纷纷化身外卖小哥从后台走出来，面带笑意将带有必胜意义的必胜客比萨送到我们面前，递给我们必胜客比萨的同时，也向我们传递了高考必胜的信心。吃的是什么味道我们已经不记得了，但是学校老师们、师弟师妹们的用心却深深地感动了我们，这让我们在临考前放松了紧张的心情。

第十一章

我们为卓越而来

一直让同学又期待又害怕的高考终于到了，然而当我们真的置身其中时，却会发现传说中的高考并没有想象中的那么可怕，一切都在我们的掌握之中。高考、填报志愿、等待录取通知书、拿到录取通知书……这都是我们高三的尾声，也是我们一路奔着卓越而来，收获更好自我的时刻。

第一节 高考原来是这样一回事

什么是高考？很多同学赋予它过于浓重的神秘或恐怖色彩，反倒让自己在考场上紧张失利，其实这大可不必。你只有把高考当作平时一次再普通不过的考试才能在考场上发挥出自己的正常水平，幸运的话还可能会超常发挥。下面就让亲身经历过高考的同学们告诉大家这两天到底会发生些什么，希望当你更了解高考其实也不过是这样一回事之时，心中能多一份自信，少一份慌张去迎接属于你的高考。

高考前夜我们准备好了所有考试用品，准考证和身份证是最最重要的，准备好后安然入睡，醒来就是六月七号了。吃完早餐，我们预留了足够的时间提前来到考场，映入眼帘的是学校门口“2019 年广东省普通高等学校招生全国统一考试”的横幅和考场前的警戒线，严肃的考场气息让我们感觉到这是一场公平公正的竞争。身穿“红袍”的老师们早早站在学校门口面带微笑地迎接我们，送考气氛既温馨又亲切。老师们与我们握手，与我们拥抱，给我们鼓劲加油，师生之间言语不多，但老师们红彤彤的送考服已经让我们感觉到了这份“旗开得胜”的祝福。出示身份证与准考证后，我们带着自信和一丝丝紧张的情绪排队进入了考区，来到了各自的考场教室，每个考场都有两位认真严格的监考老师，分别对我们进行身份证与指纹的双重验证和金属探测仪的仔细探测。开考后同学们安坐教室，看着两位监考老师按照广播指令有序地分工，拆卷、数卷、发卷，一场严肃公正的考试开始了。我们逐渐进入了考试状态，平时考试训练的流程和高考一致，一样的考试时间要求，一样的考试科目顺序，所以我们无须紧张，跟平时一样，平稳心态，冷静应考则行。不过，值得提醒的是，高考开考前五分钟不能动笔，考生只能浏览试卷。等到考试结束，考生必须双手下垂，等待老师收卷，并且草稿纸、试卷全部都要回收，不能带出考场。全场考生安静等候监考老师收卷和清点试卷，一切操作完毕，等到监考老师发出离场指令，大家方可离开。

上午考试结束后，中午建议大家调好闹钟，安心午休，中午休息好可以保障我们下午在考场上具备充足的战斗力。如果家住得离考点远的走读生，建议在高考前一两个月就在考场附近的酒店预订好钟点房进行午休。下午考完，晚上给自己一份清淡的晚餐，适当复习后早点休息，以保证充足的睡眠。第二天除了考试科目有变化，其他和第一天的流程基本相同。六月八号下午五点钟，铃声响起，同学们的高中生活也随之结束，一切来得很慢，又来得很快。无论如何，高考是我们人生的重要节点，但只要我们努力了，便无悔。另外，在高考流程背后还有许多细节之处值得注意，下面我们整理了一些温馨提示，希望也能给你一些帮助。

1. 高考期间一日三餐清淡饮食，保障休息时间。如有失眠现象可以睡前喝一杯热牛奶帮助缓解情绪，放下自己的心理压力，偶尔的失眠并不影响你的实力。

2. 进入考场后可在开考前闭眼静坐，平缓心情，调整至最佳状态。

3. 考场遇到困难或问题时向监考老师举手示意，及时沟通，切勿自以为是，擅作主张。

4. 按要求购买和使用考试用笔，防止考试时出现因劣质的 2B 铅笔带来失分等问题。

5. 不能在答卷纸上做草稿，保持卷面整洁，作答时不能使用涂改液或胶带纸修改。

6. 切勿在区域外答题，更不能以其他方式在答题卡上留下“特殊标记”。

7. 保持平稳心态，确保答题效率，考试结束前 15 分钟如还有试题未作答应按照先易后难的顺序迅速答题。

8. 合理分配考试作答时间，监考老师会在重要时间节点提醒，尤其应避免选择题在答题卡忘记填涂的问题。

9. 仔细审题，遇到貌似熟悉的考题时，请保持冷静，比较清楚，审清题意，防止因过度自信导致失分。

10. 在考场上有答不出的题目考生考完后不必过分懊悔自责，不与他人讨论答案，考后积极准备下一科考试。

第二节 交卷，再见高三

高考结束的铃声响起，再见高三，恭喜同学们毕业了。看着同学们一个个欢呼雀跃地走出考场，感觉他们瞬间轻松，但我知道不用多久，他们很快就会进入相互离别的不舍阶段。告别校园，告别高三，带着你的青春，带着你的活力，奔向远方。临走之前，也请打包带走母校给予你的、老师给予你的、同学给予你的所有快乐和收获。就如瞿英奇同学在自己的日记中这般写道。

高三教会我的事

2019 年 6 月 8 日下午 5 点，我们交上了高考的最后一份试卷。走出考场，和认识的同学们互相贺喜一番，就默默地回到宿舍收拾离开。考前想象的狂欢啊，扔书的情节并没有出现，同学之间也不像小考那样互相询问考试感觉怎么样了。大家都知道，交卷的那一刻，我们的高三结束了……

背上了离校的行囊，而我们打包走的却是高三满满的回忆。从进入高三开始，无论愿不愿意，我们都被挂上了高考倒计时的时钟。高三的时间是最坚定的旅行者，无论是快乐的流苏还是悲伤的泥泞，他都会赶往高考这个终点。说终点也许不太贴切，高考更像是一个转折点。如果刚上高中时大家都是一个点，我们在高中的种种作为都会将它向不同的方向延伸。当到达高考的时候，这个由我们亲手伸展、编织的点已然成为一幅图画，高考则是我们最后的落款。也许绚烂夺目，也许平平无奇，也许令人神伤，但我们希望无论这幅图画是什么样的，你都可以在这段旅行的终点欣慰地收下它，由此自豪地走上转折点为你指向的远方。不用太在意远方的景色究竟如何，既然你已选择走下去，接下来便只顾风雨兼程。

我们的高三像是一张完全由铅笔构成的素描，简单、朴实，但其中的轮廓可以看得一清二楚。写实的生活细节，有些像照搬的画面风格，还有着认真的粗细排线。象征我的整个高三都在重复着循规蹈矩的日常，没有浓墨重彩，没有惊天动地，却能让自己看得真切，看得赏心悦目。现在我们还真想对自己说一声，你已经很努力了。高三一年，你真的学到了很多。

“努力”，似乎周围所有人都在告诉我们，上到高三一定要努力，只有努力才能考到一所好大学，拥有更美好的人生。高三是整个高中最艰难的一段时光，我们发现所有潜藏的压力都化为了实质的负担，挤占着我们的休闲时间，而我们只能用加倍的努力才能制衡这压力。那到底要努力到什么程度呢？每天按时完成作业，还能挤时间复习预习，做额外加练，够努力吗？每次学习到深夜，即使睡眠不足第二天也振作着认真听课，够努力吗？在假期依旧保质保量完成学习任务，还主动报了一堆课外补习班，做到这样的算是够努力吗？当然，很努力了，但还能更努力。我们都是不一样的人，我们的标准自然也不同，当你觉得自己已经很努力的时候，总有人比你更努力。就我们的一些经历来讲，当晚上我们还在宿舍为补完作业松一口气的时候，对面床铺的小夜灯按时亮了起来。当我们尽力赶上老师授课的进度，记下种种知识点笔记的时候，瞟到了同桌笔记上的精致表格和不同颜色彩笔标注的重点。当我们临时遇到难题上讲台问老师之后，下一个同学拿着装着问题的笔记本凑了上来。

明白了，总有人比我们更努力，所以怎么努力都不为过。这算是我学到的第一件事。

所以每次看到成绩单的排名后我居然有一种释然的感觉，靠前的这几位，实至名归啊。即使如此，还是不要完全照搬别人的学习方式，毕竟成功是不可复制的。保持自己的节奏，一旦确定一种方式有效果就坚持下来，稳住节奏就能一点点进步，因为你花过的时间一定不会辜负你。到了高中自己要慢慢学会做决定，分辨是非。不只是高三，我们将来要自己做出的决定会越来越多。稳定自己，不让周边的不良因素影响自己，不断跌倒也没关系，只要高考还没来，我们就有无数次爬起重来的机会。

或多或少，我们身边总会围绕一些“别人家的孩子”，明明看见人家朝九晚五地打游戏，好像一直在放松，没怎么学，可成绩一出来就是比你好。有些人就会因为这种事受到打击，开始怀疑自己，是不是自己在学习上天生就不如别人。我只能说这是完全没必要的，每个人生命中都会遇到这样的“高山”。我们总会遇到“别人家的孩子”，就连家长似乎也是和他们处于一个战线的，总是拿你们作比较，令人压力倍增。不过我们还是可以朝好的方面想想，这些人开拓了你的视野，让你知道还可以有这样的操作。这些人也为你现阶段的学习设置了一个天花板，让你可以一直抬着头，一直向上看。

以自己的步调不断前进，依靠自己做出判断，是我在高三学到的第二件事。

高考重要，但不可怕，再怎么折腾也不过是一场考试。用一个有意思的比喻，我把高中阶段历经的所有考试都比作为了解决最终大 Boss 的马仔小弟，打败一个就少一个，而且像打游戏升级一样，每度过一次模拟考，我们似乎都更有把握去迎战高考。我们对拿到考试成绩后班级哀鸿遍野的情况早已司空见惯，但谁也不可否认的是，我们在失败和挫折中变强，就算没有反思总结，我们也确实是比考试前的自己全神贯注地多做了一整套题，这就是值得骄傲的胜利。

高考备考之路刚开始的 10 公里，谁都觉得轻松，包括那些基础较差的同学；而最后的 10 公里，谁都会觉得很累，包括那些很牛的牛人。那种一路坚持，跑完全程的人，轻松有余也好，狼狈不堪也好，我们将这些人统称赢家。所以，不要停下来啊！也只有在这个时候我才承认坚持就是胜利是一句真理。保持平常心吧，做起来实际也不是那么难，因为就算明天就高考，今天的饭还是要吃，觉还是要睡，要来的是一场考试，又不是世界末日。

不仅是高考，面对将来的一切困难，即使被说是没心没肺也要从容面对，这就是我学到的第三件事。

我的高三结束了，但我的故事还没有结束，我会将代表我高三生活的小素描好好保存起来，重新执笔开始下一幅画卷，而这一次，我想它会有更绚烂的颜色。

第三节 填报志愿还需用心

高考填报志愿是高考后非常重要的一个环节，有些同学考得好却因为报志愿出了问题与自己的理想大学失之交臂，而有些同学因为掌握了报志愿的技巧，很幸运地被自己的目标大学录取了。下面就跟大家分享几点填报志愿的经验，希望对你们有所帮助。

一、尊重孩子意愿，把握报考原则，全家共同商量决定

选学校、选专业因人而异，没有一个统一标准。我们在填报志愿时要充分考虑专业、院校、地区、高考成绩，个人特长、兴趣、爱好以及人生职业规划、志向情况等因素，建议遵循“人生利益”最大化，“录取风险”最小化的原则进行志愿填报。

如果个人综合素质能力较强，兴趣爱好广泛，就是志向在于管理型、外向型的，到高水平综合性大学就读，对自己的成长帮助会大些。如果个人对某一学科、某一专业或某一行业有特大兴趣，有所专长，建议侧重考虑选择专业。不管如何，报考时家长应充分尊重孩子的意见，在家与孩子认真讨论研究，全家共同商量决定。

二、了解报考院校的办学实力、历史、行业背景

从报考的角度讲，建议主要从两个方面去了解大学的实力：一是师资力量，主要看院士数、博导数、长江学者数、“千人计划”入选数等，这是大学实力的集中体现；二是学科实力，主要看博士点、博士后科研流动站、国家重点学科等。大学的核心竞争力主要体现在大学的学科建设水平，其中有无国家重点学科以及同一重点学科的排名是衡量高校学科建设水平的关键。

三、仔细阅读和学习报考有关文件材料，关注相关网站和微信公众号

家长和学生应通过书籍、网络及日常交流等形式及时学习和关注报考的相关资讯，如：通过《广东省 2019 年普通高等学校报考及志愿填报指南》了解 2018 年录取专业及分数；《广东省 2019 年普通高等学校招生专业目录》了解 2019 年专业计划和报考代码等。关注相关网站和微信公众号，如：广东省教育考试院网、深圳招考网、广东省教育考试院微信公众号、深圳市招生考试办公室微信公众号等。

四、认真听取辅导高考报考的相关讲座或会议，认真学习对当前志愿模式的解读方案

每一种志愿模式都有它的概念、要求和报考的技巧，家长和学生都应认真学习。例如：平行志愿是指在某个规定的

录取批次中设置的院校志愿均为并列的志愿。平行志愿允许考生填报若干个平行但有顺序排列的院校志愿；按照“分数优先、遵循志愿”的原则，根据考生高考成绩从高到低排序情况和院校志愿顺序投档，投出档案均视为第一志愿，由高校择优录取。

五、杜绝无知填报无效志愿

由于家长和学生的疏忽，导致志愿无效，最后影响学生录取的现象屡有发生，我们都应当引起充分的重视，下面列举在平行志愿的填报中常见的几种导致志愿无效的原因，希望引起大家的关注。

1. 没有弄清院校批次位置、生源范围或使用科类填错导致失误。

2. 用往年资料上的院校代号填报今年的志愿。

3. 体检受限、单科成绩不符合、没达到校考成绩要求仍然填报。

4. 将考取分数差不多的几所学校分别列为第一、第二、第三志愿顺序，结果会使这几个志愿变为一个志愿，第一个院校落榜，其后的志愿也不会被录取，浪费了录取机会，导致所填志愿都为无效志愿。

5. 将以往分数更高的院校或专业列为后续志愿，形成“志愿倒挂”。

6. 将以往分数非常高的院校或专业列为唯一志愿，形成“望天专业”。

第四节 678，录取吧

高考定在每年的6月7日、8日，谐音“录取吧”，或许是对我们高三学子的美好祝福。经历了十二年寒窗苦读的同学们破茧成蝶，经过自己的奋斗终于被心仪的大学顺利录取，而拿到理想大学通知书的那一刻，难掩的激动让他们真情流露，让我们听听其中一部分同学的感言。

陈秦秦：高考是一场考验智商与情商的战斗，情商甚至更为重要。在遇到漫长的瓶颈期时，一定要有耐心，告诉自己能克服，战胜自己，再坚持一下，相信老天会看到你的努力，在高考时还你一个奇迹。

孙巧冰：时间眨了个眼睛，我就从备战高考的那段兵荒马乱的日子到了接到录取信息的今天。当看到自己被心仪的大学录取时，内心当然是无以言表的激动，因为三年的努力没有白费，自己的付出已然结出了果实。虽然没有被自己所期望的专业录取，但我已经知足了，以后要更加努力地学习，为自己一年后做出继续学下去还是转专业的选择，留一个更大的余地。更让我激动的是，已经想象过无数次大学生活的美好模样，现在就在我面前招手，迎接我的，是一片更自由的蓝天，但这也意味着我需要更强的自控力与执行力，我相信未来能成为更好的自己！

丁楚霖：谢谢老师和同学们一年来的支持。我们继续朝着阳光的方向前进，所有努力都不会发生什么异变。

张芷槐：看到自己的成绩之后，是既有激动又有担心的，激动的是过了一本线，担心的是能不能被想去的学校录取。不过，不管怎样还好没有辜负高三这一年。

黄诗：充分领略到了坚持到最后一刻所迸发出的力量。

段文昊：你在复习中忽略的每个知识点，都有可能会在高考那一天联合起来击溃你。每个知识点，每次接触到的时候，竭尽你所能把它搞定。希望大家明年高考交完卷时不留遗憾。

莫泳欣：对自己始终抱有希望，一切努力都有回报。

郑林阳：虽然过了重本线，但其实分数没有高多少，所以以后还要继续好好努力才行。

王佳欣：很开心被我最想去的大学录取了，这份成就离不开父母的支持与老师的指导。

大学录取通知书，是我们人生中一张重要的“通行证”，这张薄薄的纸承担着我们未来的希望，是我们通向又一段精彩人生的许可证。被自己心仪的大学录取，一直都是我们努力的目标，我们为了这个目标奋斗，拼命前进，在这个过程中，我们也蜕变成了更好的自己，相信进入大学，努力的我们会继续前进。

高考结束了，但同学们的人生才刚刚开始，未来有更多的没有分数线的“考试”在等着大家，所以从今以后的我们要以更加努力的姿态为自己开拓更加美好的明天！

第十二章

我们毕业了

对于每一个高考考生来说，高考结束就意味着高中学习的结束。交上最后一份答卷，长舒一口气时，内心不由自主地想呐喊出："我毕业了！"毕业意味着下一段征程的开始，也意味着对母校的离别和怀念，怀念像家一样的学校和班级、怀念老师、怀念同学，这份沉甸甸的离别之情，班委代表全班同学言表于此，以见证我们这一段从知道到懂得，从懵懂到成熟，美丽而艰辛的历程。

第一节 致 11 班的每一个你

一年的时光悄然逝去，2018 年 6 月，高三对我们来说可能还蒙着一层轻纱，在我们的幻想和期待中存在着无限的可能；而一年后的今天，我们或许可以说一句：高三，我们从知道到懂得。

这一年的日子，说长不长说短不短，可无论长短如何，这段日子都将成为我们独一无二的回忆。我们经历了很多，也收获了很多。经历了没有游戏的假期，那是只有没日没夜的学习、做题、考试、总结的日子。这些高三的常态，听起来或许有些枯燥，但因为前行的路上有人陪伴，努力的滋味也是甘甜的，这大概就是那句“一群人走可以走得很远”所要表达的吧。等真的毕业了，也许就不会再有人提醒你做笔记了，也不会再有人与你长谈去帮助你分析考试中遇到的种种问题了，所以，如今剩下的只有满满的想念：想念同学们的欢声笑语，想念一起在操场上挥洒下的汗水，想念 11 班的每一个人。那段短暂却如瑰宝般珍贵的时光，应该是十七八岁的青春里最为难忘的时光。

就像一朵鲜花的一生，所谓幸福并不在于花期的长短，因为无论鲜花盛开的时间有多么短暂，只要在这段盛开的时间里开出过很漂亮的花朵，散发过清新的芳香，这就是鲜花的幸福。而在 11 班，我们嗅到了四处洋溢着的成长的芳香。在我们“含苞待放”的时期，我们学会了不服输，坚持走，无论过程多艰辛，未达终点我们都绝不放弃；我们学会了调节自己的情绪，过去了的都没有什么大不了，不论有多少委屈和艰辛，我们总是能以朝气蓬勃的面孔，面对每一个新的早晨；我们学会了学习，找到适合自己的学习方法，把知识变成自己的。高三更是收获的一年，它让我们收获了成长的幸福。不仅如此，在高三，我们最大的收获是每一个 11 班的同学和每一位有趣又专业的老师。

在高三，少不了的，是一起拼搏相互鼓励的同学们。我们一起走过了这段独一无二的岁月，我们一同分享过成功的喜悦，每一天都在一同努力，我们是一个班级、一个集体、一个大家庭。我们一起在教室听讲、一起去食堂打饭、一起在操场疯跑、一起回宿舍调侃、一起外出游玩、一起畅想未来。每一帧关于你们的画面都在我的脑海中清晰可见。我们是要好的伙伴，我们是形影不离的朋友，我们是相互搀扶寻找梦想的探索者……这一切的一切都源于我们所在的这样一个地方——高三（11）班。是它成就了我们纯净的情谊，是它让我们高三的奋斗时光依然过得精彩。

每当想到你们，太阳便会多一分光芒。在这个美好的年华里，能遇见你们，认识你们，还能在一起学习，真好。

在高三，令我们难忘的还有这一年陪伴我们一起走过的每一位老师：把我们宠成宝贝的班主任导姐；像妈妈一样无微不至关心我们的英语老师顾姐姐；和我们打成一片、无话不说的历史老师莉姐；经常给我们买零食、看照片解闷的政治老师花花姐姐；当然还有敢说敢做妙语连篇的语文老师应哥以及童心未泯的数学老师小英哥。老师们，感谢你们辛勤的栽培，感谢你们的关心和爱护，感谢你们为我们在人生的旅途中点亮了一盏盏明灯。老师，你知道吗？你的每一次微笑，每一次倾心谈话，每一节课都还鲜活地印记在我们的脑海里。“黑发积霜织日月，粉笔无言写春秋。”这或许是对老师们最生动的写照。正是因为他们选择了讲台，选择了奉献，对我们不求回报的付出，才让我们不断进步，不断突破自我，去实现青春的梦想。

高考结束了。莫叹光阴似箭，且谈来日方长。我们相信，这是一场盛大的结束，也是一场盛大的开始。它结束的是我们 12 年的学习生涯，或完美，或掺杂着遗憾显得多少有些不尽如人意，但那又如何，我们收获的是成长的幸福，是一份纯净的情谊。

第二节 我的假期我做主

毕业那天，晴空万里，就像我们三年前初相见那般。很多人都认为，毕业，就是要好好放松自己，要把自己从紧张而压抑的学习氛围中解放出来。但对于这次毕业后的漫长假期，好好安排，充实度过才是我们最好的选择。

高中三年，我们经历了很多，从懵懂蜕变为成熟。充实的高三生活也让我们学会了怎样安排和充分利用自己的时间，懂得了要在学习和生活中不断提高自己的各种技能，以丰富自己的生活。高三的暑假，就是为了让这段故事的结局更加生动，让自己对高中的记忆更加美好。在这段时间里，我们要学会充分利用好自己的时间，学会自己安排自己的行程。刚刚放假的那几天，用尽“洪荒之力”结束高考后的兴奋感难以磨灭，你大可尽情去放松，但几周之后你会开始怀念之前充实紧凑的高三生活，所以代替之前百无聊赖日子的暑期提升计划安排就可以来了。在这里，我们收集了许多高三同学毕业后的暑假安排，供同学们参考，让我们一起度过一个有趣而充实的暑假生活！

一、练习英语口语（或其他语种）

相信大家都有过这种经历，我们能够看懂一篇英语文章，但却没办法和外国朋友流畅地沟通，这种令人纠结又无奈的挫败感，同学们应该都有体会过。在这个暑假，没有烦琐的暑假作业，确实是一个提升自己口语实际交流能力的好机会。而且，学好英语口语也能方便以后的大学学习、工作、生活，更能作为一种兴趣爱好给我们带来快乐。所以，建议大家练习英语口语，很有必要！

二、背英语四级单词

上了大学第一个要通过的重大考试就是英语四级考试！对于经历了高三的我们，相信遇见过的单词已经不少，我们可以在这个暑假，趁着高三的余热，一鼓作气，背背四级单词，让自己在大学语言必修学分的第一战轻松度过。

三、看书

“读过的书，哪怕不记得了，却依然存在着，在谈吐里，在气质里，在胸襟的无涯，在精神的深远。”看书，对于我们学生来说，是一件再普通不过的事了。

在这个暑假，在书海中度过，确实一个很好的选择。看不同的书我们会有不同的感受，也可以很好地满足我们对不同层次不同方面的求知欲和好奇心，让我们扩大眼界，提高文学素养。

四、练字

写一手好字不仅可以给人带来好的印象，更多的是可以在练字的过程中陶冶自身。当你想用自己喜欢的风格和模样来书写自己的读书笔记，想完成漂亮的手账，想用自己的字给大学同学留下更好的初印象，就开始练字吧。

五、多关心家人

时光不等人，爷爷奶奶外公外婆都慢慢老了，放下手机多去陪陪他们吧。老人其实很容易满足的，可以陪他们说说话、散散步，这些小小的用心，就可以换来他们大大的快乐。没事的时候，也多帮父母做做家务，毕竟上了大学以后，一年可能都回不了几次家了，家里的家务活，也就趁现在多干一些。

六、来一段短期旅行

在这段空闲的时间里，做好规划，去感受祖国的大好河山，去看看繁华的世界，拓宽自己的眼界，不要让自己局限在一个小圈子里。同时也要注意处理好人际关系，毕业之后，可能真的是各奔东西，朋友们再也不像之前那样，每天聚在一起谈天说地，所以，应该趁这个时候好好享受这段珍贵的“革命友谊”。

七、培养一个爱好

培养一个自己的兴趣爱好，可以是厨艺，可以是摄影，可以是画画，只要是你感兴趣的事情都可以去做。同时希望这个爱好在这个暑假培养起来之后，可以一直坚持，成为一种优秀的习惯。凭借这种爱好，在大学里可以加入各种社团，认识更多的朋友。和志趣相投的朋友在一起，相信这也将成为大学美好的回忆吧。

八、锻炼身体，坚持运动

身体是革命的本钱，在高三这一年，可能同学们都松懈了对身体健康的重视。趁着这个假期，好好锻炼身体吧！你可以慢跑几公里，去游泳、健身或者参加其他球类运动。让自己的身体重新焕发活力。如果你对自己的身材不满意，在这个适合锻炼的时间里，我们就可以进行身材管理，弯道超车啦。

九、看一些经典电影

经典电影之所以经典，不仅在于它让我们有所反思，而且可以帮助我们培养审美情趣，给我们提供精神上和视觉上的美好感受，带给我们一些思考，触动我们的内心，甚至指引我们人生的方向。

十、考驾照

开车是我们可以去掌握的一项技能，技多不压身，趁着现在时间宽裕，我们可以集中地训练和学习，收获满满。

总之，这个暑假里，我们应该学会思想上的蜕变，要变得更加沉稳，不要浮躁。在进入大学以后，你会遇到来自四方的朋友，会遇见友情或者爱情。所以这个时候，正是打磨自己，让自己变得更加优秀的时候！我们所要做的，就是不断提升自己，成为更好的自己！加油！

第三节 十八岁的美好

小时候，我们对十八岁的认知就是可以考驾照、可以光明正大地去网吧，可以自己出门远行。总觉得只要过了十八岁生日，就脱离了父母的管束，可以想熬夜就熬夜，想玩手机就玩手机……那时候觉得，这应该就是十八岁的美好了，但当真的触及这个十八岁的世界时，才发现它的美好，远不止于此。

我相信对于大部分同学来说，在经历了六年小学、三年初中和两年高中后，到了高三，必然会跟自己的十八岁来一场奇妙的邂逅。十八岁的我们，褪去孩童的稚气，收敛了青春期的叛逆。高三是辛苦的，但并不难熬，因为有那么多的同学在陪着你并肩作战。

十八岁是美好的，它的美好就在于有很多人、很多事让我们从知道到懂得。

十八岁，美在刚刚成人的我们懂得了父母的艰辛。十八岁，自然与成人礼密不可分；以前作为学弟学妹来观看高三的成人礼时，内心毫无波澜，等真的到自己过的时候，才知道有多么地深刻。成人礼那天学校请来了所有同学的家长，共同见证了我们的蜕变。原以为自己不是一个脆弱的人，却在读爸爸妈妈给我们的信时潸然泪下。尽管他们不擅表达，但我们知道，他们始终是我们温暖的港湾。

十八岁，美在懂得了同学并肩作战的情谊。高三就像一个加速器，它加快了时间的脚步，加速了成长的步伐，每天都在想着吃什么的我们，也变成了连去食堂也要夹着单词本的乖学生。我们一起为自己的目标而努力，我们是对手，也是朋友，我们铆足了劲超过对方，但在讲题时也毫不藏私，我们愈是矛盾，感情就愈加深厚，就算十年二十年后，我们可能连名字都已经淡忘，但那份情谊，却始终铭记在心。

十八岁，美在懂得了那一群时刻为我们着想的老师。不仅要操心我们的成绩，还要关心我们的心理，一下课就被我们重重包围，连厕所都来不及上就要赶去下一个班上课，尽管累，但对我们却从不马虎。元旦时老师为我们盛的那一碗碗汤圆，励志大会为我们准备的缓解压力的节目，无不显示了他们的良苦用心。如果不是他们的教导和帮助，我想，我们不会有今天的发展。

十八岁，美在少年的意气风发，美在征服未来的勇气。高三这一年，为我们的十八岁平添了几分色彩，平添了不一样的美；美在并肩作战的情谊，收到录取通知书的欣喜，当这二者的美相碰撞，产生的火花自然是绚烂多姿。当然，千军万马过独木桥，不是所有人都能如愿以偿。世间不如意之事十有八九，更重要的是你怎么做。不要因为难过就忘了散发芳香，请记住，今后无论你在哪里，都要在你所在之地绽放自己。没有考上心仪的大学，我们可以曲线圆梦，大学四年好好加油，考上心仪学校的研究生也不是不可能。大雨可以延迟我们到达的时间，但不能阻止我们前进，最关键的是，你不能放弃自己。到了大学，一切都是靠自己，随波逐流还是逆流而上，选择权在你自己手里。大学生活不会是想象中那么轻松，但认真学习，这不会太难。

十八岁和高三让我们明白，“勇气”与“梦想”是支撑我们一路走下去的力量。勇气让我们坚定迈步，梦想为我们指引方向，我们有资本去勇敢追梦，因为我们才十八岁，我们有时间，有精力，我们无畏无惧无所谓失败，我们不信命，不认命，每一次挫折都是对我们的淬炼，每一次失败都是对我们的考验，失败不是输了，放弃才是；没考上理想的大学不是输了，随波逐流才是。我们已经从祖国的花朵开始向祖国的栋梁转变，未来有大片舞台等我们去尽情施展，条条大路通罗马，但路要走，才能通，你不试试，怎么知道自己行不行？回望过去的十八年，我们在父母的庇护下，平平安安地长大；而现在，我们即将出门远行，踏上自己的征程。我想，高三这一年，让我们明白了我们的位置，我们肩上的责任，我们需要开始学会为自己的决定负责，为自己的未来负责。父母不会是我们永远的保护伞，他们终有一天会离开，而我们的路，还是要靠自己走。

我们在福中感受到的这些十八岁的美好，会一直陪伴我们到大学，到工作。我们相信今后无论遇到什么困难，这些美好都会是支撑我们继续走下去的坚定力量，我们不会永远十八岁，但我们会永远记得这十八岁的美好。十八岁的前半段已经成为过往，而现在，是属于我们的新起点，未来，是属于我们的新时代。“少年强则国强，少年智则国智，少年雄于地球则国雄于地球”，没有谁生来就注定要做什么的，未来如何，掌握在我们自己手中，让我们对青春负责，一起努力！

11 班班委代表：陈睿

2019 年 8 月

第四节 家长的叮咛

这一次，孩子们真的要远行了，在你们求学路上，家长们除了送上深深的祝福，内心也难掩不舍、牵挂之情。作为家长，我希望同学们记住，你们长大的标志就是尽量让父母对自己放心。希望同学们在今后奋斗的道路上，不管遇到什么问题，能多听听家长们的建议，父母是天底下最爱自己孩子的人。作为一名父亲，作为家长代表，大学开学之际我想对孩子们说：

以梦为马，不负韶华

光阴似箭，日月如梭。襁褓中咿呀学语，庭院里蹒跚学步，都早已是很久以前的事了。不知不觉你们已长大，转眼你们就上大学了。按理说，18 岁就是成年人，我们本不该有什么担心。但无论岁月如何流逝，在我们眼中你们依旧是孩子。在此，我要祝贺你们经过十几年的寒窗苦读，迎来了自己的新征程、新起点，你们将继续在大学学习。但不论怎样，今天对于你们而言，都将是一个重要的时刻，标志着你们的人生将进入新的发展阶段，意味着你们将褪去青涩、走向成熟。

青春，是人生的精彩华章，你们把美好的时光留在了福田中学，和福田中学一起走过。我希望你们从学校带走的，不仅是一些回忆，也不仅是学过什么课程、参加过什么活动、得过什么奖励，更重要的是福田中学三年带给你们的人生体验和感悟。相信每当你们回忆起毕业季，感受的不只是自豪和欢乐，还有母校的良师和益友。你们生活在一个崇尚创新的伟大时代，科技进步日新月异，思想文化交融激荡，人类社会深刻转型。这一切，为你们今后的发展提供了广阔的空间，也提出了前所未有的挑战。你们今后要有所作为、有所成就，不仅取决于你的知识和技能，还依赖于你的创造性。在当今世界，创造是你们面对生活、面对事业、面对社会、面对未来的最佳选择。今天，终将成为历史；未来，意味着创造，在你们人生新的征程中，希望你们用坚定的理想、创造的勇气和君子的包容，去想象自己的未来，去创造属于你也属于整个人类的未来。

我知道你们很讨厌说教，但在你们外出求学之际，作为家长我仍要啰唆几句，对你们未必有效，对我却是安慰。

一、做一个有道德的人

做一个有道德的人，这个说法并不新鲜，我主要是想说怎么做的问题。道德首先是一种实践，善良不能仅存于心。坐公交车的时候，你们是否给人让过座？让座时是否觉得不好意思？帮助别人时，是否很在乎别人的眼光？现在想来，根本不必。一件好事，不存私利，有何担心，怕啥议论？生活中有很多小事，只要去做，就是一种善行。当你可以帮助别人时，不要吝啬。世界将因你的举手之劳，变得更加美好。我受过别人的恩惠，所以更懂得反哺社会的道理。

二、听从内心的召唤，做自己喜欢的事

专业的好坏是相对的、辩证的。挑专业就是挑兴趣，不要用利益标准衡量。今天的好专业不等于永远的好专业。只有做自己喜欢的事才能最大限度地发挥才智和潜能，在遇到困难的时候更懂得坚守。做自己喜欢的事，看自己喜欢的书，是人生一大享受。挑你喜欢的，学你热爱的，工作中才会有更多的快乐，生活才会有更高品质。人类社会不断发展，专业分工更为精细，各种专业都是解释世界的方式，广泛涉猎，你会更具智慧。

三、尽可能拥有多一些知识，练就积极乐观的人生态度

知识使人生拥有更多可能。稍懂常识的人就知道，知识作用不可忽视，知识决定一个人的气质、趣味、眼界、欣赏水平、价值观……这些都是影响生活质量的关键因素。拥有知识才会有创新的可能。当你大学毕业后，能认识到还有很多更有意义的生活方式，那这个大学就没有白上，在“大众创业、万众创新”的推动下，各个行业领域逐渐形成创新旋风，为经济发展再增助力。

四、竭尽所能多一些阅读，勇敢面对挫折和失败

大学与高中最大的区别是，自由很多，但挥霍自由的人也很多。希望你能利用这难得的自由，多读些书。现在很多年轻人不喜欢阅读，他们可以花很多时间逛街、逛淘宝、打游戏、网聊……就是不肯花时间安安静静地阅读。走上社会你们就知道，抽出时间来读书是多么的不易。我还强调读好书，

有些书确实害人，思想贫乏，内容平庸。读书像交友，要仔细甄别，非善勿近。一个简单的方法是读经典，经典是时间选择的产物，一本书之所以成为经典，肯定有它的道理。

五、既靠人情关系，也要靠本事竞争，培养团队合作精神

如今这个年代，需用实力说话。规则应该会越来越公平，竞争肯定会越来越残酷。竞争的同时要学会欣赏对手，尊重对手，那样会让你变得更加强大。我们既要有创造机会的资力，更要有抓住机会的能力。

六、内外兼修，不要追求花瓶式的漂亮

爱美之心，人皆有之，女孩子就更是如此吧。适当地懂得修饰自己，不但能够提升自己的自信心，同时也是对周围人的一种尊重。当然，漂亮、有魅力不仅仅是指外表。言谈举止，会传递一个人的风度；待人接物，可泄露一个人的修养。内外兼修很重要，不希望你们只追求花瓶式的漂亮。知识是最好的化妆品，良好的素养会让人更有魅力，这是一种岁月都无法剥夺的吸引力。

七、爱自己，更要学会爱他人，做一个有思想的行者

恋爱很严肃，对待须认真。感情不是拿来玩的，恩爱不是用来秀的。真爱深沉而非浅薄，真心无私而不贪婪。恋爱会让人做出各种傻事而不自知，要懂得洁身自好，什么事可以做，什么事不可以做，而不是一时的冲动。

八、广泛交友，乐于助人

大学是读书之所，也是交友之地，人的一生一定要有几个情真意切的朋友。幸福人生不是取决于金钱财富，而是取决于社会关系，朋友是广泛的社会关系中的一种。快乐有人

分享，你会更快乐；悲伤有人分担，你不会太悲伤。各地都有人值得你牵挂，到处都有牵挂你的人，你会觉得世界充满阳光，心里如沐春风。希望别人对自己好，自己首先就要对别人好，遇事能让则让，有难能帮就帮。予人玫瑰，手有余香。

九、珍惜时间，善用时间，学会合理安排时间

时间是补不回来的，浪费了就是浪费了。不要总觉得自己还年轻，干什么事都觉得还早。有道是“记得少年骑木马，转眼已是白头人”。大学生的时间往往会无谓地消耗在两个方面，一是社团活动，二是上网。适当参加社团活动，广交朋友，增长见识，确是好事。但太多的课外活动，会使时间以各种光明正大的名义被浪费。网络很便利，网络也很误事。电脑、手机让你时刻与外界保持联系，也让你时刻受到外界干扰。不妨在适当的时候，把网络关闭，让时间花在更有意义的事情上。

说一千道一万，都不如你们亲自去实践。父母不能教会你们所有，也不能陪伴你们一生。时光流逝，生命不会常在；总有一天，别离会成永远。希望这些建议能有益于你们。

无论何时何地，都要快乐幸福，你若安好，我便幸福。

祝愿你们在新的时代，新的征程，以梦为马，不负韶华！

家长代表：熊天宇父亲

2019 年 8 月

第十三章

大学，圆梦的地方

又是一个开学的九月，现在的你们已经成了一名真正的大学生。刚刚步入大学校园，来到一座陌生的城市，一个陌生的校园，还有一群陌生的同学，开始你独立的生活；对你们来说一切都是那么新鲜，相信在你兴奋之余，心里一定还会时常想念我们快乐而充实的高中时光，也一定会急切地想告诉我们，在你圆梦的地方你有些什么新的收获，让我们一起来看看。

第一节 嘿，我在前方等你！

◇莫泳欣

我有幸考取了中山大学公共管理类专业，中山大学位于广州大学城的东北端，地理位置优越，南邻中心公园，东邻城市绿化带。图书馆气势宏伟，北立面两侧自然张开，如一本翻页的书籍，又如飞升之翼，既能体现中山大学的文化底蕴，又具有现代气息。东校园位于珠江中小谷围岛上，远离喧嚣，风景旖旎，设施齐全，不愧为“世外桃源”。

中山大学由孙中山先生创办，有着一百多年办学传统，是教育部、国家国防科技工业局和广东省共建的全国重点大学，

位列首批国家“双一流”A类、“985工程”“211工程”，入选“珠峰计划”“111计划”“2011计划”、卓越法律人才教育培养计划，等等，已经成为一所国内一流、国际知名的现代综合性大学，正努力成为全球学术重镇。

1923年，孙中山先生在怀士堂前的演讲中，向我校同学们提出了“学生立志，要做大事，不可要做大官”的期望。1924年，中山先生又提笔为中大写下了“博学、审问、慎思、明辨、笃行”的十字校训。2015年，中大又提出了“德才兼备，领袖气质，家国情怀”的培养目标。

然而对大学的初体验并不只从老师那里获取的对学校的介绍，就像一篇好文章的情节总是一波三折，我的大学生活故事的开始比我想象中的还要坎坷。大学报到那天坐高铁时我听着自己慌乱的心跳，看着窗外快速后退的景色，对未知的即将到来的大学生活感到有一丝忐忑不安。一个人四处找路奔波着完成报到的时候有点想哭，广州的烈阳下，我的脸上挂着汗与苦涩。

最初与舍友们一起并排走时，尴尬的气氛笼罩着我，说不上话的窘迫使我发出的声音闷闷的，心里淡淡地漾出失落。后来从家里寄来的行李到了，在规定时间之内必须去取，但是班级已经在集合了，我没时间去拿。令我惊喜的是，舍友了解到我的情况后，主动提出让她的爸妈去帮我把行李拿回宿舍。我收获了开学的第一份感动，有了对我们宿舍集体的认同感和对舍友们的信任感。后来我们宿舍相处得越来越融洽，大家来自不同的地方，有不同的文化与思想。我们经常讨论不同区域的饮食习惯与独特的生活方式，惊叹于前所未闻的新鲜事物，在文化冲击下丰富了见闻也开阔了视野。我们聚在一起生活，互相帮助解决问题，我们会在中秋节一起出去聚餐赏月，一起为共同喜欢的歌尖叫，共同探索各个食堂的菜品，共同畅想美好的校园生活，为彼此的大学生活添彩。我觉得最棒的就是，我的舍友们都很优秀，我总是可以在她们身上学到东西或得到激励，正所谓“见贤思齐焉”，与优秀的人一起学习也会变得越来越优秀吧。

院里的开学典礼上，老师们各个口才了得，富有学识的同时还很幽默风趣。夏老先生教导我们理论要结合实践，“政治”重在“治”。院长说，“不要让你目前考上好大学的这个人生巅峰成为你一生的巅峰，从此以后走下坡路。有时候连维持原地都要努力，更何况是想取得一点进步。”真的给了我很多启发，让我对自己所读的专业有了更多面的理解，对大学的学习有了更清晰的认识。后来开会讲了有关成绩、上课、学分、毕业的事宜，感觉好复杂好难啊，我要更加地努力才行啊！大学生活并不像我们在高中时想象的那样轻松，但这会逼着我更努力向前冲，压力使我迸发斗志，助推我变得更好。

军训的自我介绍让我真真切切地感受到了北方人的有趣和健谈，我爱北方朋友！南方人性格大多比较内敛，说话声音较小，不太突出表现自己，温温柔柔的。我真的想改掉自己怯懦怕生的性格啊，我应该要更大胆自信，就像萧伯纳说的“有自信心的人，可以化渺小为伟大，化平庸为神奇”。北方人讲话十分大方，而且有恰到好处的幽默。经过两周的军训，我的普通话已经被旁边的东北女生带偏了，拥有了满满儿化音的东北腔。我也要感谢开朗的她让我也活泼起来，变得不那么封闭自己。在大学你可以认识到五湖四海的朋友，也正是有了这些朋友，让我更快地融入了校园生活。

大学期间除了自己的专业课之外，你还可以选择自己感兴趣的公选课。我的专业本身学的东西就比较多元，了解一些跨专业的知识更有助于自己多元发展。在大学你可以安排自己的时间，更要求你的自觉与独立。我感受比较深的就是，在高中很多事情都有班主任和班干帮你完成，而在大学则需要自己独立解决。跨入了成年的大门，进入大学，你是一个独立的个体，你可以自由选择与分配自己的生活，决定自己日后的发展方向。

开学之后我还是感觉这一切都不太真实，我像个局外人，步入了之前想都不敢想的知名大学，身边的同学们都非常优秀。听同学说他们班有十多个人考上中大，都是冲刺清华北大过程中失手才滑到这里。当时听完感觉到自己与他们的差距，因为我能考上是有运气成分的，是上天赐予的恩宠，而不是像刚才那些同学是考差了才无奈来到了这里。认识到我与他们的差距之后，我下定决心不能松懈自己，要充实自己，弥补起跑的差距。军训前竞选临时负责人时，我看着一群有胆量有能力的同龄人上台发表讲话，能言善辩的他们各自施展本领。我觉得又难过又开心，因为我直面了自己的平庸，但是我很开心我能和这么优秀的人群在一起学习。我当时心里只有一个想法：我也要努力变优秀！羡慕别人是无用的，努力把自己的生活变得精彩才是明智的选择。

另外我要鼓励大家上大学后积极参加自己感兴趣的社团部门。我看过微博上有个话题关于“大学的注意事项”中，许多人说“不要参加学生会”，而我的个人观点是不认可这一说法。团委学生会和社团就像一个小社会，你可以认识很多人，学会与不同性格和行事作风的人打交道，可以丰富你的业余生活，还可以增强你的社会工作能力。我在听完宣讲会后，去面试了感兴趣的宣传部，很幸运的是我通过了面试，成了宣传部的一员。我结识了很多可爱的志同道合的朋友，也接触到了很多亲切热情的学长学姐。我期待以后在部门里学会各种实用的技能，可以让自己的创意想法有施展的机会。

大学生活的美好之处还在于可以徜徉在拥有浩瀚书海的图书馆。尽管军训使我疲倦，但我还是喜欢在晚饭之后的空隙时间去图书馆看书，安静地边休息边补充精神食粮，不至于让大脑贫瘠匮乏。看着图书馆里座无虚席，学长学姐们低头认真自习的样子，我心生向往，往后的日子我也要成为他们中间的一分子。

在闲暇的时候，我常常想，如果我更早一点开始努力，现在我会是在哪里呢？若能回到高三，我不会再常常否定自己，我不会再浪费自己的时间，被无关紧要的事情影响。我想对那时候的自己说“你已经在努力了，不要怀疑自己的潜力”。我想我应该早一点用百词斩背单词，在毕业后的暑假我才开始用这个软件来背四级词汇，我才发现它对我十分有帮助。

“那种吃苦也像享乐似的岁月，便叫青春”，请把握机会向自己的目标全力冲刺。通往高考的这条路可能很拥挤，因为有许多与你一样的前行者；有时这条路上只有你一个人，因为只有你才能决定自己的前行方向。路上有你摔倒过又爬起来的痕迹，有你掉落的失望自责的泪水，有你被风带走的欢声笑语和留在心中的坚毅信念。不要怀疑自己的可能性，不要否定自己的努力。去追求自己喜欢的大学，去变成自己想成为的优秀的样子。学习的过程比你想象的更痛苦，也远比你想象的更美好。请你看到美好的事物，请你记住“事在人为”，只有行动起来才会拥有不让自己后悔的结果，一切努力都会有回报。任何事情只要做到极致，一定会有所收获。我在前方等你！

第二节 万事可期，不断前行

◇王紫昕

时间在风中流逝。回想高中，脑海中会浮现那条熟悉的路，那栋陪伴了我们三年的楼，那个让我们肆意挥洒汗水的操场。在这三年里我经历了开心，经历了难过，经历了满足，经历了不甘，可那又如何，都已经过去了。

现在来到了大学，一切都是新的开始。刚开始可能会感到迷茫和不安，因为我意识到从今天开始，我的人生已由我接管，我要独立做出选择，要独自承担相应的结果。这会让我感到困惑、彷徨——该怎样才能离目标近一点、再近一点。但感受更多的，是欢喜与期待。我可以打开一种全新的生活方式，可以积极地去尝试和探索新的事物。

广东的九月，只是名义上的秋天，天气依然炎热。在学校醒来的第一个早晨，空气中带着一丝初秋的凉意，天还蒙蒙亮时我便去操场跑步了。路边的杂草划过裤脚，给我留下了早晨清冽的草香和可爱的露珠。我喜欢这种感觉，好像从早晨开始的生活就是健康的，积极向上的。周围的事物都带着一种无边的温柔和宽容。大家都怀揣着期待和梦想，向往着美好的远方。我想，大学的美好便在于此。

但也有人说大学是一场苦行，在大学你要面对太多不可理解、不可思议的人和事。但，这何尝不是一种修行与成长呢？在大学你可以结交不同的朋友，可以参加各种各样的活动，可以有时间看不同领域的书，可以学会自律并坚持锻炼，可以去不一样的地方看不一样的风景，去感受不同的可能性，去活出不一样的自我，去做自己觉得真正值得的事。正是因为有着这样的自由，所以我们面临着各种各样的选择，自然也就需要承担各种各样的后果。

路遥在《人生》的开篇引用了柳青的一句话："人生的道路虽然漫长，但紧要处常常只有几步。"由此可见选择的重要性。我们的辅导员老师在开学的第一天就对我们说，"在这个信息大爆炸的时代，当资讯爆炸性地向你奔来的时候，没有人能为你做出选择，只有你自己可以。考虑到人的精力，你不可能全盘接受所有你想要的。这时候，你便要做出选择。你可以选择参加不同的社团，选择参加学生会或是团委，选择自律或是放纵。不同的选择影响的可能是你的一生，你必须独立思考，冷静分析，制定正确可行的规划。"我认为这是我在大学上的第一课：学会选择。我想一旦做出了选择，就要努力让我所选的变成那个最好的选项。只要自己不后悔，那这就是正确的选择。

因为我们学校的军训推迟了，我们直接开始了正式的课程。我学的是社会工作专业，它比较冷门，可能很多人会对它有偏见，认为它毕业后就是去当居委会大妈。但我通过这几天不断地了解和学习，我发现这其实是一门助人自助，注定要和不同的人深入打交道的专业。它会渐渐改变你的思维方式，改变你看待世界和身边人的角度，让你更好地去处理自己的人际关系和家庭关系。所以，在这个专业你学到的不仅仅是知识，更是一种待人接物的情商。

我们需要学习的理论基础有心理学、精神分析理论、社会学、生物学。在学习的课程里有一门是社会心理学，它教我们的第一课就是：认识自己。“认识你自己”这一句篆刻在希腊戴尔菲神庙入口处的名言一直启示着人们不断地认识和发现自己。亚里士多德认为，自我即灵魂，是联合了个体多种知觉的单纯而生动的实体。只有认识了你自己，你才能做出正确的选择，从而找到适合自己的方向和目标，早日成为一个有价值的人。

在这里我也想推荐一下社会工作专业，如我们的辅导员老师所说，学习社工的人都是可造之才，她希望我们能成为那样的人。随着社会分工的细化以及社会工作在国内的壮大，社工的需求量将会越来越大。所以，如果你也想成为一个更优秀的人，请投入社工的怀抱吧！

大学生活的最初体验让我感受到：处于大学开放自由的环境下，我们被启迪去思考，去探索。更重要的是，它能让我们全面地认识自己，找到一个适合自己的方向去不断努力。我想，这就是大学的魅力。

有时回想过去，我曾经认真、努力，却收获不多。因为那时的我像一只无头苍蝇，看似努力，却将很多力气花在了无用功上。

如果能重回高三，我希望自己能多一点自信，少一点焦虑，不要用过分严苛的要求和希冀去绑架自己，不要活得太用力。活得太用力是什么概念呢，就是当你发现自己与理想的距离非常遥远时，你总想着一步登天以快点达到目标。可越是处于这样的状态，越会停滞不前或默默倒退，因为你太浮躁了。面对大型考试时你会忐忑不安、六神无主，你害怕失败，想要奋力向前却又畏手畏脚。最后发现这种对失败的恐惧和对成功的贪婪，会吞噬掉你的整个正常生活，让你变得特别敏感。活得太用力，期望太高就会产生无形的压力，捆绑住你的全身，让你施展不开拳脚，那高高在上的理想就更是可望而不可即了。

记得刚上高三的第一次月考，我滑到了年级七十多名。在此之前的高二阶段，我一般都徘徊在第十名左右，考得好时有拿过前三名。那种感觉就像你好不容易快到达山顶了，可突然，雪崩了，你滑铁卢了。这时候你会质疑自己，会不甘心，会想着下一次我一定要赢，心里有种咬牙切齿的感觉。一切大概都是从那时开始发生了转变。我的成绩开始起伏不定，时好时坏，考得好时是第二、第六、第十，不好时是第七十多、六十多、五十多。就这样，不稳定的成绩打破了我高一高二两年来学习生活的平静，搅乱了我的心境。我不停地告诉自己“你可以”的同时又在不停地质疑自己。当我不停地告诉自己“你要集中注意力”的时候，思绪会被头脑中各种杂乱的想法给打断。不知道是从什么时候，我开始变得焦虑、变得烦躁，从什么时候开始变得效率低下，从什么时候开始变得容易自我否定。我说不出每个变化出现的具体时间，但他们就是这样悄无声息地出现了。生活就是那么的阴差阳错，这些变化发生在了我的高三。

所以，我想告诉你们，不管你有多高的目标，多大的野心，都不要用力过猛。不要太在乎成败，要放轻松，要有良好的心态。真心地希望你们能足够地了解自己、认识自己，不要用所谓的梦想和别人的希冀来绑架自己，而是要做最好的自己！你可以在感到累的时候，去操场跑跑步，放空大脑，抛掉一切烦恼，可以在某一天午后读一本好书，把内心沉静下来，还可以多和父母交流，因为他们是这世上最爱你的人。

《独家记忆》里有句歌词："对不起，谁也没有时光机器，已经结束的，没有商量的余地。"嗯，这就是现实，不管好的不好的，过去了的都已经过去了，回忆过去并没有任何意义，纠结于过去，幻想从前对现在对未来也没有任何益处。与其悔恨没做好的过去，不如着眼于可以期待的未来，接受一个不完美的自己、不完美的现在。虽然我没有去到理想的大学，但我的追求并没有止步。我们都一样，都有各自不同的梦想，所以我们都得界定各自对成功的定义。随后，去全力以赴。在这里想引用小罗伯特·唐尼的一句话，"人得被赶出自己的巢穴，哪怕是被踢下去，蹬下去。"没关系，余生还长。我相信只要我们怀着激情，坚持走下去，未来的道路会更加美好。

愿你们回头有一路的故事，抬头有清晰的远方。希望结果能比你们预想的更好一点点，希望你们是六月的风，穿过这道窄窄的峡谷，天地开朗，畅快走四方，高考加油！

第三节 军训后感，夏日军旅曲

◇卢晓婷

这次轮到你默默离开，我原路返回。

落叶拽着夏天的小尾巴，将夏天慢慢拖离我们身边，我们知道，夏天要走了。于我们而言，这个夏日是不同的。我们刚刚跨过了高考——这个人生中的第一个重要关卡，迎来了属于自己的超长假期。来到大学，参加了为期两周的军训，如今，军训已结束。大学的第一道门槛我们已经迈过，当下，回想军训，我想对全部教官说："这个夏天，感谢有你。"

香奈尔首席鞋匠有言："一切手工技艺，皆由口传心授。"我想，一切做事方法、行事作风，也是应该由口传心授的。而军训，正是教官们将爱国精神、自律作风、认真态度、集体意识口传心授出来的过程。

或多或少，在每个不同的人身上，我们都懂得了一些道理，学到了一些东西，实践了一些活动，总结出了一些经验。简而言之，在许许多多经历过大学军训的学员心中，都有各种不同的性格鲜明、先"恨"后念的教官，对他们，从大眼瞪小眼再到含泪挥别，他们带我们了解了大学的第一部分，剩下的漫长道路，我们也要自己走好。坎坷的路，多走走或许就会习惯了；迎面扑来的难题，多面对就不会畏缩了。无论再经历什么，都可能是一个波折多、平坦少的历程。“面对它，适应它，提升它。”这就是大学军训教会我的：责任与担当，勇气和前行。

很多人会问大学军训为了什么，没有让个人的身体素质有多大的提升，倒是让大家或许因为军训的苦和累一开始就反感各自的大学。那么大学军训，到底是为了什么呢？小学军训让我们改掉坏毛病，养成好习惯；初中军训让我们意识到个体的转变，甩掉幼稚的标签；高中军训则让许多同学开始学会独立生活，学会照顾自己；我想，大学军训，就应该是以培养我们的集体荣誉感，重新激活我们的爱国之心为目的吧。处在一个思想高度自由的年龄段上，我们要在获取人格自由的同时，也保持着热爱祖国、热爱集体的初心。走得再远，也不要忘记走过的路，不要忘记路上陪伴过自己的人，不要忘记帮助你战胜挫折和失败的人，要时时刻刻提醒自己，学会感恩、学会自立。这就是我对大学军训的看法。

中国近代工程之父詹天佑先生说过：“各处所学，各尽所知，使国家富强不受外侮，足以自立于地球之上。”那时的我们，可能并没有十分强烈的民族荣誉感、使命感，不知道现在的中国，正是处在高速发展的阶段，正面临着多么大的外部压力。我们只会看着手里的试卷，一次又一次地抱怨，看着日渐减少的距离高考的天数，一回又一回地叹息。即使是到了现在这个阶段，大学刚开学的我，也依然会看着满满的课程表唉声叹气。我们并不明白有多少责任需要我们担起，也不知道是谁帮我们负重前行。这时候，就需要出现一批人，时不时敲打提醒懵懂的我们，让我们明白自己的责任和使命所在。这就是军训，我的大学军训。

感谢陪伴，感谢夏日不同的军旅曲，感谢每一个更努力的新的自己。只要我们向着阳光的方向前进，所有努力都不会发生异变。

正如梁启超先生所说："少年智则国智，少年富则国富，少年强则国强，少年独立则国独立，少年自由则国自由，少年进步则国进步，少年胜于欧洲，则国胜于欧洲，少年雄于地球，则国雄于地球。"我们，将会是不一样的少年，肩负起时代赋予我们的使命。

第四节 圆梦大学，青春启航

◇胡若琳

九月伊始，一叶知秋。回首数月，是淌过奋斗汗水的烫金记忆。展望今朝，成长的步伐终于让我迈入了大学殿堂。

大学入学的第一课，就是军训。严格的军事训练，把我们在暑假放飞的心都拉了回来，也培养了我们不怕苦不怕累的精神。让我们严格守时，刻苦训练，按时按质完成各类训练与教育活动。当然，劳逸结合也是必不可少的。我们可以在军训期间，逛逛校园，熟悉校园环境，也可以和刚见面的同学交流感情，畅谈人生。

大学，大学生，大学生活，和想象中的一样，也有些不一样。我们来到了陌生的新环境，认识了来自五湖四海的新的朋友，开启了全新的生活。在大学里，我们要自律，才能享有更多的自由。自己离开父母，学会独立，学会坚强，是大学首要的一课。大学，和高中不一样。它不仅是一个学习的地方，还是一个提升自己能力和水平的地方。学习，是我们作为学生必不可少的任务。然而，大学的综合测评，除了学习，还要考核技能、社交等综合能力，所以，我们不仅要认真学习，也要努力锻炼和提高自己的综合素质，成为优秀的人。在大学里，我们会遇到各种各样的人，或许有些人会让你一见如故，而有些人则是与你萍水相逢。我们还会参与大大小小的活动，有些会让我们在焦头烂额之际，提升我们处理事务的能力；另一些，则会让我们增长经验，开阔眼界。而这些，不仅仅是我们在大学里会经历的事情，也将会是我们步入社会的必经之路。大学，这个人生的新阶段，我们要自己努力，面对新环境的考验，提高我们的心理素质，促进人格完善。

人们总是在失去之后，才懂得珍惜。现在已经不再是高三的我，对于自己的高三时光，是既难忘又感动。高三，对于身为大学生的我，已经是一种过去式了。但是，正在经历高三的你们，请好好珍惜这段时光吧。“离开了高三，你们不是离开了地狱，而是离开了天堂。”高三，或许是很辛苦，也很累。但是，我们身边还有随时可以依靠的父母，还有为我们指点迷津的师长，还有同甘共苦的同学……那时候的我们，拥有着很多人都羡慕的东西。如果可以再次回到高三，我会更加珍惜这段美好的时光，努力学习，尊敬师长，孝敬父母，关心同学，尽力做到不留遗憾，为自己的高中生活画上一个圆满的句号。

踏入高三的你们，可能会出现“迷惘”“困惑”的现象，这些都是很正常的，这是个体从“平衡状态到打破平衡、再到重新建立新的平衡”的一种客观规律；是促进我们从自我否定到不断自我完善的必然过程。当然，这也意味着我们已经胜利在望了，但是这段艰难的路程，需要我们打起精神，努力拼搏。每天的枯燥学习，需要我们有乐观向上和不畏艰难的心态，需要我们沉着冷静，放下浮躁和不安。明确自己的定位，制定合适的目标，有利于我们在高三更加准确地找到自己努力的方向。同时，在发现自己学科发展不均衡时，我们也要找准侧重点，尽快跟上进度，保证学习质量。制定目标，完成计划之后，我们也要有所反思，调整不合理的计划，继续努力，向着目标大学前进。

在高三这个关键的时期，压力是一把双刃剑。我们要正视它，好好利用它，将压力转化为我们学习的动力。跟家人沟通，表达自己的想法，是一种有效的缓解压力的方式。通过和家人的沟通，我们可以找到正确的努力方向，得到家人的支持，增加我们学习的信心和提升我们的兴趣。我们也可以通过锻炼身体，来释放压力。但是，要及时注意身体状况，保持良好的身体状态，才能让自己的学习更加有保障。劳逸结合，养足精神，我们才能有信心迎接我们所面临的困难。

时光匆匆，忙碌的价值往往在于你的思考、你的成长，而非一日的得失、输赢……高三的任何学习活动，收获的多少，取决于我们的态度。希望每位高三同学都能用“心”认识自我、完善自我。高三的时光，是短暂而宝贵的，珍惜时光，努力拼搏，是我们现在的首要任务。

高三的师弟师妹们，大学是人生旅途的新阶段，是追寻梦想的新起点。从今天起，大学的大门将为你敞开，希望你们能认真规划高三生活，踏实舒畅地过好每一天。并预祝你学习进步，考上理想的大学！

美好的大学生活才刚刚开始，相信怀揣梦想的我们，很快就会在实现一个梦想之后去实现另一个梦想。也相信从“卓越班”走出来的我们会不忘初心，不断追求“卓越”，不断塑造和完善自己“卓越”的品质。

后记

愿卓越伴你一生

一年前你们因卓越而来，聚成了一团火，用温暖的光点亮了 11 班。如今，你们散作了满天星，导姐希望你们能带着我们的“卓越”精神继续前行。而导姐会在这里长久地守候，做那个数星星的人。

回忆这一年，无数张关于你们的画面在我的脑海中回放。我会想起你们初进教室时懵懂的样子，会想起你们在校运会上肆意奔跑的样子，会想起你们在课堂上踊跃提问的样子……是你们的真诚和可爱，让导姐愿意倾尽所学，用爱去守护你们。只为你们能在人生的道路上走得更顺畅些，早日实现真正的自由。

如今，你们毕业了。毕业意味着分离，意味着你们要独自成长。有人说生命是一条永不回头的河，不管发源地何等的雄伟，流域是多么的宽阔和肥沃，终有一天这河流必将汇入大江大海而终结。但我想，只要你们能保持那颗纯真的心，并不断地努力，把人生过得有价值，把生命经营得有意义，你们就不会因汇入大海而遗憾。导姐愿 11 班的每一个孩子都能成为一个有价值的人，所以导姐对你们还有三个希望。

一是希望你们不忘理想，坚持学习，追求卓越。著名教育家蒋梦麟先生曾说："理想、希望、意志是决定人一生枯荣的最重要因素。"所以导姐希望你们能够将志向树立得更高一些，眼光放得更远一些，将个人的梦想融入团体、集体乃至国家的梦想，脚踏实地去完成。希望你们时刻自励自省，在流俗的大潮中能够保持清醒，独立思考，拥有坚定的信念，勇敢地去实现梦想。

学习可以让我们拥有更多的选择权，让我们的财富呈指数增长，最重要的是，我们的社会在飞快发展，我们的人生就像一场马拉松，因为你不知道社会会发展成什么样子，所以，你只能不断学习，充实自己，完善自己，否则你将会被社会淘汰。所以导姐希望你们坚持学习，用学习去丰富你们的人生。当然，在坚持学习的过程中请别忘了我们 11 班一直追求的卓越。什么是卓越？我想没有人能准确地定义它。我们被称为卓越班，但我认为成绩优异并不一定就是卓越。它可能是一种不轻易放弃的坚持，也可能是一种不服输的韧劲；它还可能是一种不骄傲的自信，也可能是一种积极向上的乐观精神……总之，它代表着我们 11 班的精神。导姐希望你们能带着这份属于 11 班的卓越一直走下去。要记得，让我们裹足不前的，可能正是过去的辉煌。未来没有天花板，抛弃存量，保持谦逊的态度。你有多优秀，你永远不知道。所以，我们要不断拆除阻碍我们前行的天花板，突破过去的辉煌，追求卓越！

二是希望你们能保持善良，常怀感恩。人是宇宙精华、万物灵长。我们之所以接受教育，不仅是为了提高能力，更是为了陶冶情操，让心灵柔软、善良。拥有善良的品性，能让你们在今后的学习上既谦虚谨慎，又不骄不躁。在导姐眼里，我们班每一位同学都是小天使，同学们互相帮助解决了无数难题，是你们的善良让我们的11班那么美好。所以，请一直保持这份善良。同时，导姐也希望你们要记得感恩。人生的价值会因感恩而升华。不仅是感恩那些美好的事物，还要记得多感恩那些不起眼的小事。相信感恩能让你们的生活充满爱，充满更多的正能量，能让你们的身心健康成长。

三是希望你们一直快乐，心向阳光。青春是一本打开了便再也合不上的书，人生是一条踏上了就再也回不了头的路；是书难免有错别字，是路难免会有崎岖不平的地方。在成长的过程中，你们可能会遇上许多不如意的事，但不管怎样，导姐希望你们遇到困难时，不要畏惧，保持积极向上的心态，没有什么问题是解决不了的。导姐希望你们能向着阳光前行，少一分烦恼，多一分快乐。

毕业后，你们进入了大学，等待着你们的是更坎坷的路，更陡的山坡。你们要学会独自学习，独自面对困难，导姐希望你们可以勇敢向前，克服一道道难关，攀登一座座高山，相信，山顶上的风景一定更美、更壮观。导姐相信你们能够做到，你们每一个人，都会拥有更美好的未来。

在你迈出校门离开老师、家长的庇护独自展翅飞翔的那一刻，你们一定会比现在的自己更加自信、更加坚强。所以相信自己，努力去做，不要为自己设限，不断突破自己，继续追求卓越。

没有比脚更长的路，没有比人更高的山，敢问路在何方，路就在脚下。

所以说，“活在当下，做最好的自己。”这正是我们 11 班所追求的卓越，不在乎以后结果如何，但求全力以赴，超越自己，无悔于心。

正如白落梅所说，“你若安好，便是晴天。”想说的话太多，最终也只能化为一首朴实的小诗，化为冬日的暖阳，化为和煦的春风，化为呢喃的燕子，伴你左右：

愿你三冬暖，
愿你春不寒。
愿你天黑有灯下雨有伞，
愿你一路有贵人相伴。
我，你们永远的导姐，
虽只能陪你们这一程，
却愿卓越能伴你们一生！

刘导

2019 年 10 月 1 日

于深圳市福田区福田中学